O MAL-ESTAR NA CIVILIZAÇÃO

PARA LER FREUD
Organização de Nina Saroldi

O MAL-ESTAR NA CIVILIZAÇÃO
As obrigações do desejo na era da globalização
por Nina Saroldi

3ª edição

FREUD

CIVILIZAÇÃO
BRASILEIRA
2017

Copyright © Nina Saroldi, 2011

Capa e projeto gráfico de miolo
Gabinete de Artes/Axel Sande

Diagramação
Abreu's System

CIP-BRASIL. CATALOGAÇÃO-NA-FONTE
SINDICATO NACIONAL DOS EDITORES DE LIVROS, RJ

S257m
3ª ed.   Saroldi, Nina
           O mal-estar na civilização: as obrigações do desejo na
       contemporaneidade/ Nina Saroldi. — 3ª ed. — Rio de Janeiro:
       Civilização Brasileira, 2017.
           (Para ler Freud)

                Inclui bibliografia
                ISBN 978-85-200-0857-7

       1. Freud, Sigmund, 1856-1939 - Crítica e interpretação.
       2. Psicanálise e cultura. 3. Civilização. I. Título.

       11-1396.   CDD: 150.1952
                                          CDU: 159.964.2

Todos os direitos reservados. Proibida a reprodução, armazenamento ou transmissão de partes deste livro, através de quaisquer meios, sem prévia autorização
por escrito.

Texto revisado segundo o novo Acordo Ortográfico da Língua Portuguesa.

Direitos desta edição adquiridos
EDITORA CIVILIZAÇÃO BRASILEIRA
Um selo da
EDITORA JOSÉ OYMPIO LTDA.
Rua Argentina, 171 — 20921-380 — Rio de Janeiro, RJ — Tel.: (21) 2585-2000

Seja um leitor preferencial Record.
Cadastre-se e receba informações sobre nossos lançamentos e nossas promoções.

Atendimento e venda direta ao leitor:
mdireto@record.com.br ou (21) 2585-2002.

Impresso no Brasil
2017

Para Marcelo

AGRADECIMENTOS

A Luciana Villas-Boas, pela coleção Para ler Freud.

A Andreia Amaral, pelo entusiasmo no trabalho editorial.

À Academia Europeia de Tradutores (*Europäisches Übersetzer-Kollegium*) em Straelen, na Alemanha, pelas generosas temporadas que me permitiram, nas melhores condições possíveis, escrever este livro e trabalhar na coleção Para ler Freud.

A meus pais, por terem se encontrado, criado uma pequena família e até hoje, como no primeiro dia, cuidarem bem de mim.

A Silvia Pimenta, pela telepática amizade, pela Sofia e pela leitura e discussão do livro.

A Marcelo Backes, pelo amor, pela ajuda constante e preciosa na coleção Para ler Freud, e pela teimosia em fazer com que os nossos projetos se realizem.

SUMÁRIO

Apresentação da coleção	11
Prefácio	15
Introdução	21
Primeiro capítulo: *O mal-estar na civilização* e seus arredores	31
Segundo capítulo: Um resumo do livro de Freud	81
Terceiro capítulo: O mal-estar melhorou? A pertinência do livro hoje	127
Conclusão	159
Bibliografia	169
Cronologia de Sigmund Freud	173
Outros títulos da coleção Para ler Freud	179

APRESENTAÇÃO DA COLEÇÃO

Em 1939, morria em Londres Sigmund Freud. Hoje, passadas tantas décadas, cabe perguntar por que ler Freud e, mais ainda, qual é a importância de lançar uma coleção cujo objetivo é despertar a curiosidade a respeito de sua obra.

Será que vale a pena ler Freud porque ele criou um campo novo do saber, um ramo da psicologia situado entre a filosofia e a medicina, batizado de psicanálise?

Será que o lemos porque ele criou, ou reinventou, conceitos como os de inconsciente e recalque, que ultrapassaram as fronteiras do campo psicanalítico e invadiram nosso imaginário, ao que tudo indica, definitivamente?

Será que devemos ler o mestre de Viena porque, apesar de todos os recursos farmacológicos e de toda a ampla oferta de terapias no mercado atual, ainda há muitos que acreditam na existência da alma (ou de algo semelhante), e procuram o divã para tratar de suas dores?

Será que vale ler Freud porque, como dizem os que compartilham sua língua-mãe, ele é um dos grandes estilistas da língua alemã, razão pela qual recebeu, inclusive, o prêmio Goethe?

Será que seus casos clínicos ainda são lidos por curiosidade "histórico-mundana", para conhecer as "bizarrices" da burguesia austríaca do final do século XIX e do início do XX?

Será que, em tempos narcisistas, competitivos e exibicionistas como os nossos, é reconfortante ler um investigador que não tem medo de confessar seus fracassos e que elabora suas teorias de modo sempre aberto à crítica?

Será que Freud é lido porque é raro encontrar quem escreva como se conversasse com o leitor, fazendo dele, na verdade, um interlocutor?

É verdade que, tanto tempo depois da morte de Freud, muita coisa mudou. Novas configurações familiares e culturais e o progresso da tecnociência, por exemplo, questionam suas teorias e põem em xeque, sob alguns aspectos, sua relevância.

Todavia, chama atenção o fato de, a despeito de todos os anestésicos — químicos ou não — que nos protegem do contato com nossas mazelas físicas e psíquicas, ainda haver gente que se disponha a deitar-se num divã e simplesmente falar, falar, repetir e elaborar, extraindo "a seco" um sentido de seu desejo para além das fórmulas prontas e dos consolos que o mundo consumista oferece — a partir de 1,99.

Cada um dos volumes desta coleção se dedica a apresentar um dos textos de Freud, selecionado segundo o critério de importância no âmbito da obra e, ao mesmo tempo, de seu interesse para a discussão de temas contemporâneos na psicanálise e fora dela. Exceção à regra são os três volumes temáticos — histeria, neurose obsessiva e complexo de Édipo —, que abordam, cada um, um espectro de textos que seriam empobrecidos se comentados em separado. No volume sobre a histeria, por exemplo, vários casos clínicos e artigos são abordados, procurando refazer o percurso do tema na obra de Freud.

A cada autor foi solicitado que apresentasse de maneira didática o texto que lhe coube, contextualizando-o na obra, e que, num segundo momento, enveredasse pelas questões que ele suscita em nossos dias. Não necessariamente psicanalistas, todos têm grande envolvimento com a obra de Freud, para além das orientações institucionais ou políticas que dominam os meios psicanalíticos. Alguns já são bem conhecidos do leitor que se interessa por psicanálise; outros são professores de filosofia ou de áreas afins, que fazem uso da obra de Freud em seus respectivos campos do saber. Pediu-se, na contramão dos tempos narcisistas, que valorizassem Freud por si mesmo e encorajassem a leitura de sua obra, por meio da arte de escrever para os não iniciados.

A editora Civilização Brasileira e eu pensamos em tudo isso ao planejarmos a coleção, mas a resposta à pergunta "por que ler Freud?" é, na verdade, bem mais simples: porque é muito bom ler Freud.

Nina Saroldi
Coordenadora da coleção

PREFÁCIO

Para desenvolver sua reflexão sobre o mal-estar na cultura contemporânea a partir de *O mal-estar na civilização*, de Freud, Nina Saroldi faz uma leitura rigorosa dos textos freudianos, demonstrando a familiaridade com que percorre os vários caminhos, entroncamentos e encruzilhadas do percurso do mestre de Viena. Essa leitura é articulada a uma indicação sempre precisa do pensamento dos grandes filósofos — Sócrates, Platão, Aristóteles, Kant, Nietzsche, Adorno, Horkheimer, dentre outros —, que é fundamental para que se possa contextualizar as ideias de Freud (e concatenar as nossas) no panorama mais amplo do pensamento ocidental. E isso em uma escrita de estilo peculiar, com muita clareza e bom-humor: aqui aparece a "manha" de sua profissão de ensinar.

Logo de saída a autora puxa o seu fio de Ariadne, que não larga até o fim da argumentação: o da retroação, interação, mútuo pertencimento entre o indivíduo e a cultura em que vive. Sua questão, reiterada inúmeras vezes ao longo do livro, é tanto a de saber — mesmo que demonstrando como *O mal-estar na civilização* se vincula à modernidade, à época em que foi elaborado — se as considerações de Freud sobre a relação entre o sofrimento dos indivíduos e a cultura em que vivem ainda se sustentam, quanto perguntar se tais considerações podem nortear uma avaliação crítica de nossas vidas, de nossos sofrimentos e de nossa cultura nos dias atuais. A resposta da autora é que a reflexão dos tempos de Freud é, sim, muito importante para pensarmos também sobre os tempos que vivemos.

Segundo Nina Saroldi, o texto de Freud contém uma hipótese plausível sobre o que faz uma cultura avançar e sobre as ameaças que podem destruí-la. Uma ideia sintetizaria todo o texto freudiano: a civilização resulta da renúncia à satisfação direta das pulsões. Essa ideia coloca uma grave questão para a vida atual, dado que a categoria "renúncia" está sendo cada vez mais banida do ideário e do comportamento contemporâneos, está se exilando como "impensável". Quais são os danos e as ameaças que esse deslocamento pode provocar a nossa civilização? A indicação da autora é de que a renúncia à satisfação pulsional, pressuposta por Freud como estrutural à constituição do processo civilizatório, é o que nos retira do estado de natureza e nos faz ingressar no estado de cultura.

Ela pondera que o pensar freudiano colocou o princípio de prazer como fundamental para o funcionamento dos processos psíquicos, mas também o articulou ao princípio de realidade, diante do qual o prazer deve ceder lugar para que a cultura possa existir. E o que dizer da corrida contemporânea na direção das mais diferentes e variadas formas de satisfação prazerosa (todas tidas como rigorosamente legítimas!) a que assistimos em nossos dias? A autora entende que as crises ambiental, existencial e financeira que assolam o mundo atual se devem em grande parte à impossibilidade, já crônica, de pensar e agir coletivamente, ou pelo menos, de avaliar o impacto coletivo das escolhas individuais. Ou seja, a exacerbação do individualismo contemporâneo, aliada à busca incessante, sempre relançada, por satisfações prazerosas, está se mostrando ameaçadora. Há que haver uma fina sintonia entre o interesse individual e o interesse coletivo, e tudo indica que estamos nos tornando inaptos para discernir este último. Em resumo: o império da busca sem barreiras pela satisfação do prazer é o da barbárie.

Nina Saroldi começa pegando o leitor pela mão e levando-o a passear pelos arredores do texto de Freud, situando-o nos termos da articulação de suas questões principais a todo o conjunto de sua obra. Recua até o *Moral sexual civilizada e doença nervosa moderna* (1908), indicando que ali estava em germe a ideia do antagonismo entre a força de Eros e as pressões da cultura; detém-se na carta à Einstein "Por que a guerra" (1932), em *O futuro de uma ilusão* (1927), *Totem e Tabu* (1913), *Psicologia das massas e análise do ego* (1921), *Sobre o narcisismo: uma introdução* (1914), *Luto e melancolia* (1917), *O ego e o id* (1923). Nesse longo passeio a autora nunca se furta a apontar como a cultura em que Freud vivia era diferente da nossa, nem a se perguntar sobre o que ele diria se pudesse considerar a maneira como vivemos hoje. E consegue "pinçar", "recortar" o que permanece relevante nas teses freudianas. Em que pese a diferença entre os mundos, para a autora algumas teses permanecem fundamentais.

Em seguida ela se propõe a nos oferecer um resumo de *O mal-estar na civilização*, mas o que se obtém aqui não é só um "resumo". Trata-se de uma análise do texto que evidencia as interlocuções de Freud com a filosofia (idealistas e realistas, por exemplo), com outras elaborações freudianas (por exemplo as que constam de *Além do princípio de prazer*, 1920), e que elabora comparações refinadas com a civilização em que vivemos. Nesse ponto, começamos a ouvir a conversa da autora com autores contemporâneos como Zygmunt Bauman e Slavoj Žižek, entre outros, que lhe servem para refazer, nos termos da pós-modernidade, a grande pergunta que Freud deixou sem resposta no texto em questão: existiria alguma via civilizatória específica capaz de conciliar interesses individuais e coletivos, ou esse é um conflito insolúvel? Ela insiste nessa pergunta em vários momentos de seu pensar, posto que vivemos em uma cultura de individualismo exacerbado, levado ao extremo, e de crescente desinteresse pelos projetos coletivos.

Ao final, a autora nos oferece uma análise do *modus vivendi* contemporâneo, valendo-se da interlocução com autores representativos da psicanálise, da filosofia e das ciências sociais: como estão sendo vividas as relações afetivas/sexuais, a esfera do trabalho — sem perder aqui a oportunidade de lembrar Hesíodo e seus conselhos em *Os trabalhos e os dias* —, a situação do ensino, a necessidade imperiosa de nos divertirmos e fugirmos do tédio, a relação com o tempo, a velhice e a morte, a falta de limites visíveis entre o que é permitido e o que é proibido, a canseira de termos que ser "autênticos", o enfraquecimento da capacidade de criar laços sociais, a noção de "norma" que se torna evanescente (já dizia um nosso cantor popular que "de perto ninguém é normal"), o hedonismo, a impossibilidade de elaborar nossos lutos, a perseguição do gozo a qualquer preço, sustentada por um discurso social que incita: "Goze de todas as maneiras possíveis!" Sempre apontando o custo, os danos que tudo isso vai provocar no psiquismo, a autora examina as configurações do sofrimento pós-moderno: insônia, ansiedade, distúrbios alimentares, manifestações depressivas e compulsivas de todos os tipos, transtornos de déficit de atenção, esvaziamento interior, incapacidade de pensar de maneira não instrumental, paralisação do movimento desejante, entre tantas outras. Por causa de todo esse impacto na subjetividade pós-moderna, Nina Saroldi vai repensar, invocando Lacan e Žižek, a mudança de configuração do supereu dos tempos de Freud para o de nossos dias. Se nos tempos de Freud, da sociedade de produção, o supereu foi concebido como uma barreira ao gozo sem limites, atualmente, na nossa sociedade de consumo, o supereu incita, permanentemente, ao gozo intransitivo.

Na condição de professora, e professora de ética, a autora está sempre mostrando ao leitor a importância dos ideais que compartilhamos, dos valores que descartamos, das virtudes que perdem o brilho, do imaginário social globalizado ao qual aderimos sem críticas, dos riscos e das apostas que assumimos (ou não). A moral é algo com que temos que lidar, é algo que se impõe à vida em sociedade.

Se a civilização é fonte de neuroses, isto não faz dela algo menos necessário. A moral existe na medida em que cada indivíduo, nos caminhos e descaminhos de seu desejo, precisa lidar com a pressão social, com o impacto de seu desejo sobre a vida alheia

E a distância que Freud manteve em relação às questões morais é, ao seu ver, o que faz da psicanálise uma prática tão potencialmente libertária.

Com ela concluímos que, embora se apresente em novas formas, com certeza o mal-estar na civilização persiste. A questão de saber se há algo que possamos fazer para combatê-lo se impõe, e é como uma ferramenta para essa reflexão que este livro pode servir.

Bianca Maria Sanches Faveret
2/3/2011

INTRODUÇÃO

Em *O mal-estar na civilização*, Sigmund Freud nos dá uma boa e uma má notícia.

A má notícia é que, devido a nossa própria constituição psíquica, estamos condenados a uma vida de muitos esforços e poucas e breves satisfações. A boa notícia é que, por isso mesmo, somos inventivos ao criar compensações para as satisfações diretas e intensas a que não temos acesso com a frequência que desejaríamos. O resultado dessas invenções consoladoras é o que chamamos de cultura, obra da qual, de modo geral, nos orgulhamos.

Ao enunciar, sem dó nem piedade, que a felicidade do homem não parece constar do plano da Criação, Freud apresenta as fontes mais constantes de sofrimento e os paliativos que se encontram ao nosso alcance para amenizar seus danos. Ao mesmo tempo, seguindo um procedimento típico em suas investigações, compara o desenvolvimento da vida humana em sociedade ao de um indivíduo, fazendo assim uma espécie de genealogia do aparelho psíquico. Passo a passo, com desvios e hesitações que o autor não tenta disfarçar, Freud vai contando a história da luta que se desencadeia em cada ser humano em seu desenvolvimento e, a um só tempo, o resultado da combinação de todos esses esforços individuais que se encontram na grande obra que, altivamente, denominamos *a civilização* ou *a cultura*.

O livro de Freud pode ser sintetizado em uma linha (o que não significa que o leitor possa parar por aqui!): a civilização é o resultado da renúncia à satisfação direta das pulsões sexuais. O conceito de pulsão será posteriormente explicitado; por ora, considero suficiente, ainda que *grosso modo,* dizer que a renúncia às pulsões, no âmbito do livro que analisamos, significa a frustração da tendência humana a obter prazer sempre que possível, a afirmar seu domínio sobre os outros e sobre a realidade material, em suma, a dar vazão a suas moções interiores sem respeitar as "barreiras de contato" que o mundo lhe impõe.

A ideia, em si, não é difícil de ser compreendida se seguirmos o raciocínio do autor. O difícil, a meu ver, é aceitar todas as implicações da noção de *renúncia* para as posições éticas que assumimos — quando as assumimos — na vida contemporânea. Para explicitar meu ponto de vista, tomo emprestada outra ideia de Freud, presente no ensaio "As resistências à psicanálise". O problema, para quem se aventura na seara que Freud cultivou, não é entender racionalmente seus raciocínios e conceitos; a dificuldade reside em aceitar o que eles revelam sobre nós mesmos. Ainda seguindo o autor, as crianças não choram quando veem um novo rosto por mero desagrado, e sim porque o novo rosto exige um trabalho de reconhecimento e de aceitação do estranho, do desconhecido, do que não é familiar a elas. Esse trabalho, por si só, é o que gera incômodo e resistência, e não a novidade apresentada.

Acredito que a relevância do comentário ao livro de 1929 *O mal-estar na civilização* reside no fato de podermos, por meio dele, tocar em uma ferida comum a todos: a suspensão da dimensão da renúncia na vida atual. Além de conhecer o pensamento de Freud acerca do desenvolvimento da história humana, de situar o livro em sua obra e acompanhar alguns de seus desdobramentos, ao revisitá-lo, em 2011, estamos procurando saber sobre aquilo que a cultura de hoje absolutamente não quer saber: a civilização se constrói com a renúncia à satisfação das pulsões.[1]

Trocando em miúdos, para Freud a civilização se constrói com esforço, suor, um mínimo que seja de benevolência para com o outro e espírito de coletividade. Ao longo desse processo, quem perde é o princípio do prazer, que, abandonado à própria sorte, sem o providencial auxílio do princípio de realidade, teria nos mantido pendurados nos seios de nossas mães até hoje. O princípio do prazer seria uma espécie de "hardware" do aparelho psíquico, aquele que permite que todos os outros programas "rodem". Ele daria a direção fundamental da máquina humana: a expe-

---

[1] Exemplo típico de atitude infantil é a postura da maioria dos cidadãos comuns, empresas e governos no que tange à questão ecológica: boa parte dos problemas ambientais, já se sabe, é devida ao padrão de consumo considerado adequado nas sociedades ocidentais mais ricas. O óbvio a fazer é mudar esse padrão, mas uma vez que isso significa, para as empresas, diminuir os lucros no curto prazo e, para os consumidores, consumir menos e de forma seletiva, todos comentam, aterrados, os malefícios do aquecimento global, mas continuam vidrados nos lucros, no ar-condicionado e no shopping. Todos *compreendem*, mas não *entendem* o que deve ser feito.

riência de satisfação. No entanto, o mais tenro bebê percebe que, sem o choro, a mãe não virá em seu auxílio, o que torna o dito popular "quem não chora não mama" uma fonte de sabedoria psicanalítica.

Freud nunca deixou de lançar mão de dualismos para explicar o funcionamento psíquico (princípio do prazer/princípio de realidade; pulsões de vida/pulsão de morte), tampouco minimizou a importância da ambivalência nessa esfera.[2] Correntes e contracorrentes de amor e de ódio perpassam permanentemente a relação do sujeito consigo mesmo e com o outro. Deve-se a isso sua afirmação, em "As pulsões e seus destinos", de que o oposto do amor não é o ódio, e sim a indiferença, pois esta é o resultado de uma "vazante" de afeto; ao passo que ódio e amor, em suas diferentes dosagens e combinações, são como rios caudalosos correndo entre pessoas.

Freud supõe que uma das características do mal-estar na civilização seria o aprofundamento da ambivalência psíquica, porque originalmente a atividade das pulsões se exerceria sem os freios da cultura, sem os diversos códigos e sistemas morais e jurídicos que organizam a vida coletiva.

---

[2] No citado artigo de 1925, "Resistências à psicanálise", Freud é claro em relação a este ponto: "Acusaram-na de 'pansexualismo', embora a teoria psicanalítica dos instintos tivesse sido sempre estritamente dualista e em tempo algum deixasse de reconhecer, juntamente com os instintos sexuais, outros a que realmente atribui força suficiente para suprimir os instintos sexuais. (Essas forças mutuamente opostas foram inicialmente descritas como os instintos sexuais e os instintos do ego. Um desenvolvimento teórico posterior transformou-as em Eros e o instinto de morte ou destruição.)" [p. 271].

No estágio denominado civilizado da vida humana as pulsões fariam o movimento de retorno ao próprio sujeito, movimento caracterizado por uma maior passividade do que o movimento de expansão. De modo análogo ao que afirmava seu contemporâneo Friedrich Nietzsche em *Genealogia da moral*, Freud indica em sua teoria da cultura que o homem teria sido adestrado, domesticado — por si mesmo — ao redirecionar para dentro a agressividade primitiva, antes orientada para fora. Para ambos os autores, a invenção mais eficiente da cultura para promover essa introjeção da agressividade foi a religião.

O que se perde em selvageria para ganhar em civilidade é significativo; a partir de grunhidos foram desenvolvidos belos e sofisticados idiomas e uma das grandes lições da psicanálise é que não há nenhum ganho sem perda, nem o contrário (a noção de "ganho secundário da doença"[3] explicita esse ponto). Todos os fenômenos psíquicos deixam um "resto" com o qual precisamos conviver. No aparelho psíquico, ao contrário do que se pode fazer com livros de contabilidade, a conta nunca é zerada (os que padecem de neurose obsessiva sofrem precisamente deste mal: tentar zerar as contas, custe o que custar).

Voltando à questão da ambivalência da pulsão, se ela se aprofunda, retornando ao próprio sujeito ao longo do processo civilizatório, e com isso propicia criações admiráveis, há um "resto" do processo com o qual precisamos nos haver: a loucura, as diversas formas de crime e de violência,

---

[3] S. Freud, *Conferências introdutórias sobre psicanálise*, conferência XXIV, ESB, vol. XVI, p. 448.

a vagabundagem, os comportamentos desviantes e ineducáveis em geral. Os iluministas, entre eles Immanuel Kant, acreditavam na possibilidade de diminuir esse saldo devedor com o uso intensivo da razão, mas hoje poucos pensadores ousariam afirmar — e Freud provavelmente se alinharia com eles — que essa aposta tenha sido bem-sucedida. É por isso que se fala tanto, em nossos dias, em uma suposta crise da própria razão ou das formas tradicionais da racionalidade ocidental.

Não resta muita dúvida a respeito do fato de que as crises ambiental, existencial e, mais recentemente, financeira que assolam o mundo se devem em grande parte à impossibilidade tornada crônica de se pensar e agir coletivamente ou, ao menos, de avaliar o impacto coletivo das escolhas individuais. Se o escrito de Freud apresenta uma hipótese plausível a respeito do que faz a cultura avançar, e também das ameaças que podem destruí-la, só por isso sua leitura já vale a pena. Sim, é importante dizer que Freud não deixou de lado o exame das guerras e atrocidades cometidas ao longo da história humana, evidenciando o lado mortífero e destrutivo que a cultura abriga em seu interior. O próprio título deixa claro que o mal-estar é inerente à cultura; ele a habita.

O mal-estar na civilização remete a vários outros escritos importantes do autor, tais como *Totem e tabu* e *O futuro de uma ilusão*, e serve também de síntese tanto da metapsicologia como de outros textos denominados "culturais". Neste volume, pretendo apresentar sucintamente esse livro já fartamente comentado não só por psicanalistas, mas também por antropólogos, sociólogos, filósofos e até estudiosos da área de administração; invocar outros autores que dele se ocuparam e, sobretudo, mostrar sua importância para a reflexão sobre a cultura em nossos dias .

As teses contidas no livro de Freud podem ainda ser consideradas pertinentes passados mais de 70 anos de sua publicaçao, anos esses nos quais o mundo assistiu, atônito, à Segunda Guerra Mundial, à revolução sexual, ao declínio das ideologias alternativas ao capitalismo e às guerras étnicas de variadas procedências? Será que já seríamos capazes de responder a Freud quem venceu a batalha da história humana, se o amor ou a morte? Será que passamos da sociedade do mal-estar para a sociedade do medo, como diria o sociólogo Zygmunt Bauman, ostensivamente desinibida nos costumes e ao mesmo tempo impotente no que diz respeito ao desejo, fato ilustrado pelo caráter epidêmico das depressões? Será que a autoridade do pai, a que Freud se refere em sua teoria da cultura, continua a contribuir para o desenvolvimento dos sentimentos de culpa e de pudor, sem os quais não há laço social que se sustente?

Se no primeiro capítulo do livro buscarei mapear os arredores de *O mal-estar na civilização* e no segundo oferecerei um resumo comentado da obra, no terceiro utilizarei sobretudo o pensamento de Zygmunt Bauman como apoio para refletir sobre a questão do mal-estar contemporâneo e apresentar algumas ideias de cunho pessoal. O primeiro capítulo oferece uma amostra da psicanálise aplicada às questões sociais, o que se deve à orientação dos textos que cercam *O mal-estar na civilização*. No segundo, o resumo de um livro que também é eminentemente filosófico e sociológico abrirá o leque a comentários de ordem mais geral, que serão definitivamente ampliados e trazidos a uma análise da contemporaneidade no terceiro capítulo. Aos poucos, o supereu — o *Über-ich* freudiano — se cristalizará como fio condutor da abordagem, invocando inclusive as considerações de outros pensadores contemporâneos, como o filósofo esloveno Slavoj Žižek.

Antes de mais nada, no entanto, é importante esclarecer o uso relativamente livre e intercambiável que farei aqui dos termos cultura e civilização. O título original de Freud, *Das Unbehagen in der Kultur*, sugeriria, em princípio, a tradução para o português como *O mal-estar na cultura*. No entanto, a tradução brasileira das Obras Completas de Freud, feita a partir da Standard Edition inglesa, optou por *O mal-estar na civilização* — e assim consagrou o livro —, provavelmente seguindo a versão inglesa *Civilization and its Discontents*; aliás, o próprio Freud sugeriu a sua tradutora inglesa o uso do termo *civilization*.[4] Os franceses, cuja influência sobre o meio psicanalítico brasileiro foi e continua sendo muito grande, adotaram de modo geral a tradução *La malaise dans la civilization*. Traduções mais recentes

---

[4] "O título original para ele escolhido por Freud foi *Das Unglück in der Kultur* (A infelicidade na civilização), mas *Unglück* foi posteriormente alterado para *Unbehagen*, palavra para a qual foi difícil escolher um equivalente em inglês, embora o francês *malaise* pudesse ter servido. Numa carta a sua tradutora, a Sra. Riviere, Freud sugeriu *O desconforto do homem na civilização*, mas foi ela própria quem descobriu a solução ideal para a dificuldade no título finalmente adotado." Prefácio de James Strachey a *O mal-estar na civilização*, ESB, vol. XXI, p. 76.

nessa língua optaram por *La malaise dans la culture*.[5] A tradução para o português que adotei como referência, de Renato Zwick, também escolheu *O mal-estar na cultura*.

Sem entrar em uma discussão filigrânica sobre a tradução dos termos alemães usados pelo autor, tarefa que ultrapassaria a proposta deste volume, sigo aqui as indicações do próprio Freud, que não se dá ao trabalho de distinguir cultura de civilização no texto de 1929 e até afirma, no livro *O futuro de uma ilusão*, desprezar a questão.[6] No original, a palavra *cultura (Kultur)* aparece com muito mais frequência do que *civilização (Zivilisation),* e na verdade com um sentido sempre muito semelhante ao deste último termo. Na carta aberta a Einstein publicada com o título "Por que a guerra?", Freud remete ao processo de desenvolvimento da cultura *(Kulturentwicklung)* e, entre parênteses, faz a ressalva de que alguns prefeririam, para descrever o mesmo processo, utilizar o termo civilização.[7]

---

[5] Para uma discussão aprofundada acerca das traduções francesas de *O mal-estar na cilivização*, conferir o capítulo de Jacques Le Rider "Cultiver le malaise ou civilizer la culture?", in J. Rider, M. Plon, G. Raulet, H. Rey-Flaud, *Autour du "Malaise dans la culture" de Freud*.

[6] *Die Zukunft einer Illusion,* in Gesammelte Werke, Frankfurt am Main, Fischer Taschenbuch Verlag, Band XIV, 1999, p. 326.

[7] S. Freud, *Warum Krieg?*, in Fragen der Gesellschaft/Ursprünge der Religion, Frankfurt am Main, S. Fischer Verlag, Studienausgabe, Band IX, 1974, p. 285.

PRIMEIRO CAPÍTULO: *O MAL-ESTAR NA CIVILIZAÇÃO* E SEUS ARREDORES

Em termos mais diretos e explícitos, *O mal-estar na civilização* é precedido por um pequeno artigo intitulado "Moral sexual civilizada e doença nervosa moderna",[8] de 1908, no qual Freud relaciona as restrições da vida sexual civilizada, os costumes de sua época, aos padecimentos nervosos que observava em seus pacientes. Essa é uma das primeiras exposições do autor a respeito do antagonismo entre a força de Eros e as pressões da cultura, assunto que também é tratado ao final de *Três ensaios sobre a teoria da sexualidade*, na carta aberta a Einstein intitulada "Por que a guerra?" e em *O futuro de uma ilusão*, entre outros textos.

Já nesse artigo de 1908 aparecia, ainda em germe e sem o auxílio dos conceitos que seriam depois desenvolvidos na chamada "Metapsicologia",[9] a ideia de que a civili-

---

[8] Na tradução deste artigo foi feita a mesma opção que vimos em *O mal-estar na civilização* de traduzir "cultural" por "civilizada" (*Die 'kulturelle' Sexualmoral und die moderne Nervosität*).

[9] "Luto e melancolia", "As pulsões e seus destinos", "O recalque", "O Inconsciente" e "Complemento metapsicológico à teoria dos sonhos" integram a "Metapsicologia", conjunto de artigos escritos por Freud em tempo recorde, um seguido do outro, e destinados a fazer uma descrição exaustiva dos processos mentais, registrando as principais elaborações da teoria psicanalítica até então.

zação avança à custa do sacrifício de parte significativa da vida sexual, bem como da renúncia dos indivíduos a uma parcela do seu sentimento de onipotência e das inclinações vingativas ou agressivas de sua personalidade. Não seria exagerado dizer que Freud, a essa altura, ainda está mais no campo da sexologia do que no da psicanálise propriamente dita. Conceitos como os de "pulsão", cruciais para uma compreensão propriamente psicanalítica da sexualidade humana, só foram extensiva e fundamentalmente estabelecidos, como já foi dito, mais tarde, especificamente em 1915, com a publicação de "As pulsões e seus destinos". No artigo em pauta, o autor observa, de passagem, que o homem não possui uma só pulsão sexual, e sim várias, já que ela é feita de vários componentes e pulsões parciais.

Feita essa observação, Freud avança sobre a ideia de que as pulsões sexuais (*Sexualtriebe*), no homem, teriam superado a periodicidade que se verifica nos animais. A consequência desse fato seria, por um lado, a de que para o ser humano "toda hora é hora", ou seja, as pulsões sexuais não lhe dão trégua e exigem satisfação constante. Por outro lado, as pulsões representam uma fonte de energia preciosa, porque é possível deslocá-las de seus objetivos sexuais originais para outros sem perda considerável de intensidade. De modo tão econômico quanto aborda a questão das pulsões que vimos anteriormente, Freud informa em uma só linha que essa capacidade de mudar de objetivo das pulsões é o que se chama de *sublimação*. Voltaremos a essa questão, de modo mais extenso, no resumo de *O mal-estar na civilização* no segundo capítulo.

Se as pulsões sexuais se encontram sempre disponíveis e podem mudar de objetivo, o homem dispõe de energia suficiente para se dedicar a exaustivas tarefas civilizadas, tais como projetar e construir pontes e escrever livros. O vigor das pulsões varia de pessoa para pessoa, bem como a parcela dessas pulsões que é passível de sublimação. Diferentemente dos instintos nos animais, as pulsões humanas não servem precipuamente aos propósitos da reprodução, e sim à finalidade de obter determinados tipos de prazer.

Aqueles que por conta de sua própria constituição não conseguem concordar com as limitações a que são submetidos na cultura tornam-se *outsiders*, ou mesmo criminosos, diante da sociedade. Para Freud, seu destino só pode ser diferente caso "sua posição social e suas capacidades excepcionais lhe permitam impor-se como um grande homem, um 'herói'".[10] Na grande maioria das pessoas, resta sempre algo da ordem do indomável e do ineducável, que a cultura é incapaz de controlar. Freud observa que "aqueles que desejam ser mais nobres do que suas constituições lhes permitem são vitimados pela neurose. Esses indivíduos teriam se sentido melhor se lhes fosse possível ser menos bons".[11]

---

[10] S. Freud, *Die 'Kulturelle' Sexualmoral und die moderne Nervosität*, in Fragen der Gesellschaft/Ursprünge der Religion, Frankfurt am Main, S. Fischer Verlag, Studienausgabe, Band IX, 1974, p. 18. A tradução do texto é minha.

[11] Ibidem, p. 22.

Um dos problemas da moral sexual de sua época, que Freud traz à baila em "Moral sexual civilizada e doença nervosa moderna", é o da abstinência sexual fortemente prescrita aos solteiros, especialmente às mulheres. Para ele, somente uma minoria da população é capaz de sublimação, e mesmo assim não de modo ininterrupto. Todos os outros abstinentes acabam por se tornar neuróticos ou sofrer de outro tipo de mal. Isso ocorre porque dominar as pulsões sem satisfação, segundo o autor, é tarefa tão difícil que consome todas as forças do indivíduo.

Para Freud, havia uma relação direta entre o aumento do número de doenças nervosas e o aumento do número de restrições sexuais em sua época; já que somente as relações sexuais que visassem à reprodução legítima, ou seja, fossem fruto de um casamento monogâmico e socialmente reconhecido, seriam permitidas. Na análise do contexto moral-sexual de sua época, Freud aborda questões que, como já foi dito, soam mais à sexologia do que à psicanálise tal como é praticada em nossos dias. Além de tratar do problema da abstinência ao qual nos referimos, Freud faz duras críticas à instituição do casamento tal como era concebido: comenta as inconveniências da reprodução para a vida sexual do casal, a impotência masculina, a frigidez feminina e até mesmo os desconfortos causados pelo uso de métodos anticoncepcionais. Para ele, a "dupla" moral sexual que permite aos homens serem infiéis é a confissão de que a própria sociedade não leva a sério suas prescrições.

Freud também critica a masturbação, porque o modo como uma pessoa se comporta em sua vida sexual pode ser considerado um parâmetro do modo como se comporta em outras áreas da vida. O homem que se satisfaz com a masturbação — prática que segundo Freud predispõe a várias formas de neurose e psicose — teria o caráter corrompido por meio da indulgência. Em outras situações, esse sujeito tenderia a buscar uma saída fácil para os problemas e a tentar atingir seus objetivos por meios que demandassem um esforço mínimo. Além disso, o homem que busca o prazer solitário idealiza seu objeto sexual de maneira doentia, tornando-o incomparável com o que se poderia encontrar em uma situação real.

Para o criador da psicanálise, o casamento seria no máximo um consolo para as pulsões sexuais do jovem civilizado, e a neurose, nesse mesmo quadro, uma proteção eficaz da virtude. Uma jovem "bem-criada", por exemplo, cairia vítima da neurose diante de um conflito entre seus desejos e o sentimento do dever. Sem amor pelo marido e sentindo o impulso de ser infiel para superar a infelicidade e a insatisfação, a neurose se apresentaria a ela como uma espécie de "solução de compromisso". Solução essa bastante ineficaz, porque a neurose, no fim das contas, acabaria por ser tão incômoda para o marido quanto a admissão da verdade de que sua esposa não o ama.

A propósito, também causa estranheza, do ponto de vista da clínica contemporânea, o fato de Freud dizer que "aconselhava" seus pacientes homens a não se casarem com jovens que tivessem apresentado sintomas de doenças nervosas antes do casamento, posto que uma moça precisaria ser saudável para tolerá-lo e para suportar as frustrações que provocaria. Grande parte dos analistas consideraria, atualmente, que uma das últimas coisas que um analista pode ou deve fazer é "aconselhar" seus pacientes, sobretudo de modo tão dirigido.

Para nós, contemporâneos, além de o próprio modo de clinicar expresso por Freud nesse artigo parecer relativamente datado, há algumas afirmações sobre a cultura que, conforme veremos no terceiro capítulo, revelam quanto mudaram nos últimos cem anos tanto a subjetividade quanto o discurso da sociedade ocidental. Freud menciona pessoas que se orgulham da abstinência sexual e comenta que boa parte dos médicos recomenda como cura para as doenças nervosas "alguns meses de repouso e recuperação".[12] Apenas como adiantamento do que será discutido no terceiro capítulo, salta aos olhos, a partir da leitura do artigo, como a renúncia ao gozo sexual propriamente dito, e a todos os outros gozos outrora considerados inconvenientes pela sociedade, hoje foi substituída pela transformação desses gozos em dever.

Outro elemento importante — que ressalta a mudança sociocultural ocorrida no intervalo que nos separa dessa reflexão — é a relação das pessoas com o tempo. Soa perfeitamente natural para Freud que alguém, mesmo considerando que seus pacientes pertenciam à burguesia vienense, pudesse dispor de alguns meses para se tratar. Em tempos de comprimidos que prometem resultado rápido e garantido para os males psíquicos, em que consideramos um acinte suportar um tempo inevitável de luto, um período pós-

---

[12] Ibidem, p. 30.

operatório ou mesmo uma noite de insônia, meses de tratamento parecem se referir a outro tipo de gente, a nosso ver nem tão nervosa assim...

Em 1908 Freud relacionava, em concordância com outros autores, a doença nervosa moderna à agitação da vida e às novidades da tecnologia. Aproveitava-se a noite para viajar, o dia para fazer negócios, e mesmo os momentos de lazer tornavam-se cansativos devido à sofisticação das atividades e à ânsia de prazeres que dominava a sociedade. O que diria o mestre sobre os estímulos a que estamos submetidos hoje, os celulares e e-mails que nos "encontram" em qualquer lugar, a sensação de pressa (e pressão) constante, a exigência cada vez maior de eficiência em todas as esferas da vida?

Voltando a *O mal-estar na civilização*, Freud retoma temas importantes de livros como *Totem e tabu* e *Psicologia das massas e análise do eu*. No primeiro, publicado em 1913, procura aplicar as descobertas da psicanálise a questões da psicologia social. No prefácio, afirma ter sido estimulado a escrever para fazer um contraponto, por um lado, aos estudos de Wilhelm Wundt e, por outro, aos estudos da escola psicanalítica de Zurique. O primeiro partia do solo da psicologia não analítica para tentar compreender a psicologia social, e o segundo grupo, por sua vez, utilizava-se dos conhecimentos da psicologia social para tentar compreender o indivíduo. Além disso, Freud procura aproximar, reconhecendo toda a ousadia e todas as dificuldades da tentativa, os estudiosos da etnologia, do folclore, da filologia e da psicanálise. Ainda no prefácio, o autor anuncia ter se dedicado mais extensivamente à questão do tabu do que à do totem, devido ao fato de o primeiro estar muito mais presente na sociedade de sua época do que o segundo, do qual restam apenas vestígios, mesmo nas sociedades menos evoluídas que ainda se encontram sob sua influência.

O tabu, termo de origem polinésia, significa, por um lado, sagrado e consagrado e, por outro, perigoso, proibido e impuro.[13] Freud chama a atenção para a dificuldade de traduzir esse termo, dado que no estágio em que se encontra a civilização o que ele denota parece não mais existir, e sugere uma aproximação à expressão "temor sagrado". O essencial, para os fins a que se propõe este volume, é sua formulação de que o tabu se refere sempre a algo inabordável por ser, a um só tempo, proibido e altamente desejável.

Os tabus são diferentes de dogmas religiosos ou prescrições morais na medida em que não possuem uma origem divina, tampouco podem ser enquadrados em um sistema moral que os justifique como necessários ao bem geral. Freud cita Wilhelm Wundt ao afirmar que os tabus são o código de leis não escrito mais antigo da humanidade e que precedem qualquer forma de religião conhecida. São, em suma, restrições que se impõem por si mesmas. Para os submetidos aos tabus, esses são impo-

---

[13] S. Freud, *Totem und Tabu (Einige Übereinstimmungen im Seelenleben der Wilden und der Neurotiker)*, in Fragen der Gesellschaft/Ursprünge der Religion, Frankfurt am Main, S. Fischer Verlag, Studienausgabe, Band IX, 1974, p. 311.

sições naturais que, se transgredidas, serão gravemente punidas. Em *Totem e tabu* Freud apresenta, a partir da literatura antropológica, uma série de exemplos de pessoas, animais, objetos e ações que se tornaram tabus temporários ou permanentes em suas respectivas culturas, tais como reis, viúvos, mulheres durante o período menstrual e a proibição de pronunciar o nome de um morto.

Ele também traça um paralelo entre esses tabus dos povos primitivos e as proibições que os neuróticos obsessivos impõem a si mesmos, igualmente destituídas de sentido e, ao mesmo tempo, impositivas de maneira absoluta. No célebre caso clínico do pai da psicanálise conhecido como o "Homem dos ratos", procedimentos análogos aos do tabu aparecem de modo emblemático: a cada desejo que surge corresponde uma ideia e um grande medo. Se o paciente deseja, ainda menino, ver uma moça nua, isso é *pago* com "um estranho sentimento, como se algo devesse acontecer se eu pensasse em tais coisas e como se devesse fazer todo tipo de coisas para evitá-lo".[14] Em relação à ideia recorrente da tortura com os ratos, que lhe valeu o apelido e o atormenta desde o período em que serviu ao Exército, era preciso que, a cada vez que surgisse, também lhe correspondesse uma sanção, ou seja, uma medida defensiva que ele deveria adotar de modo a evitar a realização da fantasia, tendo seu pai ou a dama de que

---

[14] S. Freud, "Notas sobre um caso de neurose obsessiva", ESB, 1909, vol. X, p. 167.

gostava como vítimas.[15] Em outros momentos, a contabilidade compulsiva se impõe de maneira irresistível: durante uma tempestade, quando o paciente se encontrava sentado junto à dama, viu-se compelido a contar até 40 ou 50 no intervalo entre o raio e o trovão subsequente.[16] Nesse sentido, neuróticos e povos primitivos têm em comum a prática de externalizar seus conflitos e temores internos.

Freud examina o sistema totêmico — um tipo de organização que ocupou o lugar da religião em grupos da Austrália, da África e das Américas — outrora presente em povos primitivos tentando encontrar ressonâncias e posteriores explicações para o comportamento do homem civilizado e neurótico. Dito de outro modo, é por meio da pesquisa antropológica, aliada à experiência clínica, que Freud encontrará remanescentes do sistema totêmico no comportamento do homem moderno.

Resumidamente, o sistema totêmico funcionava com a associação de clãs a animais que, para esse clã, tornavam-se figuras sagradas e protetoras. O incesto era compreendido como uma relação entre homens e mulheres pertencentes ao mesmo clã, mesmo que entre eles não houvesse uma consanguinidade próxima.

A questão fundamental desse extenso e variegado livro, composto de quatro ensaios, é estabelecer — e posteriormente fundamentar — hipóteses a respeito da origem da cultura, tanto do ponto de vista histórico e antropológico

---

[15] Ibidem, p. 172.
[16] Ibidem, p. 193.

quanto do ponto de vista ético-moral (na verdade, não me parece possível separar um aspecto do outro, já que *ser* ser humano é, propriamente, ser capaz de estabelecer hierarquias morais). O autor consegue, com a ajuda de vários estudos e várias teorias de diferentes procedências, demonstrar como a ordem fraterna, na qual reina a lei como substituta da força bruta, emerge da culpa e da ambivalência amorosa. Voltaremos a esse ponto em seguida. Freud estabelece também como os dois tabus fundamentais do totemismo, a interdição do incesto e a proibição de matar o pai (representado pelo animal-totem), correspondem exatamente aos dois desejos reprimidos do complexo de Édipo.

A ideia de que teria havido em algum momento uma "horda primeva" na qual um macho mais forte, pai de todos, tomava para si todas as mulheres e expulsava os novos machos do bando, Freud a retirou de uma hipótese de Darwin. O assassinato do pai teria ocorrido por conta da revolta desses machos "avulsos" contra esse pai incestuoso e tirânico, que não permitia que eles tivessem acesso às mulheres. Freud vai mais longe na reconstrução da origem da cultura ao se valer da ideia de "refeição totêmica", que ele toma emprestada aos estudos de William Robertson Smith.[17] Em seu livro *Religion of Semites,* publicado em 1889, Smith apresentou a hipótese de que uma cerimônia peculiar conhecida como "refeição totêmica" fora, desde o princípio, parte integrante do sistema totêmico.

---

[17] Físico, filólogo, crítico da Bíblia e arqueólogo falecido em 1894.

Conforme a expressão indica, nesse importante evento da comunidade o animal-totem, que em última instância representava o pai tirânico, era sacrificado e posteriormente ingerido pelo grupo. O animal era tratado como membro da tribo; sacrifício e festim eram inseparáveis, e todos tinham de participar do evento, obrigatoriamente, para que não houvesse punição posterior. O assassinato cometido por todos era ritualizado e permitido, ao passo que se um indivíduo matasse o animal sozinho, ele seria punido. No festim, os participantes imitavam o animal, usando sua pele e fazendo os mesmos sons e gestos que ele fazia. Ao consumir a carne do totem/pai, os integrantes adquirem santidade e reforçam sua identificação tanto com o pai morto quanto com os outros membros do grupo, com a comunidade fraterna.

Tanto o assassinato do pai quanto a refeição totêmica estabelecem que ninguém mais poderá ocupar o lugar do pai, que desse momento em diante existirão regras contrárias ao incesto e ao uso da força bruta às quais todos deverão se submeter em nome da segurança de cada um. No caso da interdição do incesto, se várias mulheres se tornam proibidas para um homem, todas as outras, pertencentes a outro clã, passam a ser permitidas. Ou seja, perde-se de um lado, ganha-se de outro, como Freud voltará a afirmar ao longo de todos os seus estudos sobre a cultura. É precisamente essa submissão voluntária, ao mesmo tempo individual e grupal, às regras do incesto e à proibição de matar que opera a passagem do homem de animal de horda a colaborador e guardião de uma sociedade organizada.

Em *Totem e tabu* Freud partirá de uma hipótese interpretativa que será constantemente adotada nos escritos posteriores sobre a cultura: a de que há uma analogia entre a filogênese e a ontogênese, de que os processos que afetam o desenvolvimento da espécie se repetem em cada criança que nasce. Nesse sentido, cada criança é, de certa forma, um pequeno selvagem, que precisa ser constantemente incitado a "civilizar-se". Haveria, portanto, uma relação muito próxima entre as vivências do complexo de Édipo e a sequência de eventos narrada por Freud no livro: o assassinato do pai da horda — o festim totêmico, no qual o pai é ingerido e pranteado ao mesmo tempo —, o estabelecimento da comunidade fraterna (regida pelo direito) e os tabus do parricídio e do incesto.

Com o intuito de ilustrar essa analogia, Freud retoma a análise do pequeno Hans,[18] mostrando como o fascínio e o horror que o menino sentia em relação aos cavalos relacionava-se à difícil passagem da fase do ódio (e amor concomitante) pelo pai, na medida em que esse representava um rival no amor da mãe, para a de identificação com ele. Por meio de seus sintomas fóbicos, Hans teria criado uma espécie de culto totêmico privado, no qual seu totem e pai ancestral seria o cavalo.

Uma questão inescapável que emerge da leitura do livro é se o mito da morte do pai seria um acontecimento histórico ou se seria uma ficção necessária, na medida em

---

[18] Cf. *As duas análises de uma fobia em um menino de cinco anos — O pequeno Hans, a psicanálise da criança ontem e hoje*, de Celso Gutfreind, publicado nesta coleção.

que dá conta de um aspecto da realidade. Foi em torno disso que Freud causou muita polêmica entre os antropólogos. Acostumados com a leitura de relatos etnográficos e, de modo geral, ignorantes do método psicanalítico de interpretação, muitos levantaram, do ponto de vista da psicanálise, uma falsa questão.[19] Se em algum momento houve uma horda primeva, e se essa horda matou o pai tirânico ou não, isso é de menor importância para a teoria freudiana da cultura. O fundamental é que o mito do parricídio "resolve" o enigma do sentimento onipresente de culpa, observável na clínica e fora dela, e dá conta da ambivalência de sentimentos que se manifesta no comportamento do homem civilizado.

Assim como os primeiros filósofos partiram da constatação de que tudo o que existe é semelhante e ao mesmo tempo diferente entre si (a conhecida ideia de unidade subjacente à pluralidade) para desenvolver suas teorias, Freud percebe que há uma razão estrutural, uma necessidade lógica de que haja a passagem de um estado selvagem para um estado civilizado na história da espécie humana. Na impossibilidade de conhecer documental e historicamente o fato que desencadeou essa passagem, Freud fez como os filósofos,[20] deu um salto teórico valen-

---

[19] Cf. *Totem e tabu — um mito freudiano*, de Caterina Koltai, publicado nesta coleção.

[20] Em um comentário à obra de Tales de Mileto, em *A filosofia na época trágica dos gregos*, Nietzsche faz a distinção entre o filosófo e o cientista usando a bela metáfora da travessia de um rio. Enquanto o cientista confere a firmeza de cada pedra em que se apoia para chegar à outra margem, avançando lentamente, o filósofo salta rapidamente sobre elas, sem se

do-se de um mito, não esperou pelos documentos para responder às questões que o inquietavam. Apesar do exposto, é preciso lembrar que *Totem e tabu* é extensamente documentado, podendo funcionar, de acordo com Caterina Koltai,[21] como uma iniciação à literatura etnológica do final do século XIX.

Freud recupera alguns temas de *Totem e tabu* no livro *Psicologia das massas e análise do eu*, publicado em 1921. Nele, esmiúça ideias que aparecem, de forma bastante condensada, nos artigos "Sobre o narcisismo: uma introdução" (1914) e "Luto e melancolia" (1917). Em ambos, a questão do "ideal do eu" aparece de forma incipiente, embora Freud já anuncie a grande importância dessa categoria psíquica para a compreensão de fenômenos tanto individuais quanto coletivos. Além disso, no livro de 1921, Freud retoma seu primeiro interesse pelo hipnotismo e pela sugestão, que datava de seus estudos com Jean-Martin Charcot em Paris no final do século XIX.

Na introdução ao escrito Freud postula a impossibilidade de separar a psicologia de grupo, ou psicologia social, da psicologia individual. Mesmo quando tratado isoladamente, o indivíduo, em sua vida mental, sempre se relaciona com outros. É sempre em direção ao outro, seja como objeto de amor ou de repulsa, que o sujeito se constitui

---

importar se estão firmes ou não. (*Os pré-socráticos*, coleção Os Pensadores, São Paulo: Abril Cultural, 1973, p. 17.)

[21] Cf. Caterina Koltai, *Totem e tabu — um mito freudiano*, p. 22 e 23.

como tal. Desse modo, não somente em um sentido ampliado, mas inclusive rigorosamente falando, a psicologia individual é sempre psicologia social. A proposta de Freud é destacar, no variegado conjunto de temas que compõem a psicologia social, apenas alguns que interessam mais de perto à psicanálise.

Freud apresenta, de forma sintética, as ideias de Gustave Le Bon sobre a psicologia de grupo, destacando especialmente aquelas com as quais concorda: o grupo psicológico possui uma espécie de "mente coletiva", diversa daquela que seria uma simples soma das personalidades diferentes que o formam; nos grupos, o inconsciente aflora com intensidade; eles apresentam alto grau de sugestionabilidade e de "contágio", sentindo-se inclinados à onipotência que emana do sentimento de pertencer a uma coletividade. Um grupo é impulsivo e caprichoso e pode agir tanto de maneira generosa quanto cruel, pode ser heroico ou covarde. Não tolera esperar o tempo necessário entre um desejo e sua realização; não possui capacidade de planejamento, porque é desprovido de perseverança. Até impulsos que se apresentam de maneira intensa no indivíduo, como os de autoconservação, se diluem no grupo.

Os sentimentos grupais são simples e exacerbados, por isso o grupo não possui faculdade crítica, não é dado à dúvida, tampouco à incerteza. É crédulo e não distingue entre o possível e o improvável e, por isso, é facilmente manipulável por um discurso que se valha de imagens que se associam umas às outras, bem como de afirmações muitas vezes repetidas. O grupo não é afeito ao teste de realidade do que lhe é apresentado. Tal retrato da mente grupal é considerado brilhante por Freud. No entanto, ele lamenta o fato de Le Bon não ter tratado da função do líder nos grupos de maneira compatível com o exposto.

Freud contrapõe ao retrato da mente grupal feito por Le Bon outras ideias que considera dignas de nota, como o fato de que os padrões éticos do grupo podem ser mais elevados do que os dos indivíduos que o compõem. Outros autores, segundo Freud, chamam a atenção para o fato de que só a sociedade prescreve padrões éticos para o indivíduo, que via de regra se dedica a seu interesse pessoal e egoísta e fracassa em atendê-los. Não farei uma exposição exaustiva desse livro, tarefa que por si só demandaria um volume específico, mas passarei agora aos pontos mais importantes para a compreensão da teoria da cultura de Freud.

Freud estabelece, a partir da literatura da área, o que considera o essencial da psicologia de grupo: a intensificação das emoções que ele opera e a consequente inibição do intelecto. Outro fator a destacar é a alta sugestionabilidade dos grupos.

Antes de enveredar por uma explicação propriamente psicanalítica dos fenômenos grupais, Freud define um conceito fundamental, o de libido: trata-se de uma certa quantidade de energia — impossível de ser medida — das pulsões de amor. Nesse sentido, afirma o mestre, os filósofos já haviam antecipado o que a psicanálise confirma: sob o conceito "guarda-chuva" de amor se encontra desde o amor sexual e exclusivo por outra pessoa quanto o amor por uma obra, por um trabalho, por uma comunidade e pela humanidade em geral. Platão tratou disso no diálogo *Banquete*, no qual destaca a importância de Eros para o avanço da vida entre os homens, e na Bíblia o apóstolo Paulo já havia advertido a comunidade cristã para a centralidade desse sentimento na vida espiritual.

Freud dedica todo um capítulo do livro a um tipo específico de grupo: artificial, organizado e dependente de líderes. Tanto na Igreja Católica quanto no Exército, os exemplos escolhidos, a crença de que Cristo e o comandante amam a todos igualmente sustenta toda a estrutura. Analisando essas duas formas de organização grupal, o autor conclui que o fenômeno fundamental de sua psicologia é a falta de liberdade do indivíduo. Esse é o quinhão que se paga para desfrutar da sensação de pertencimento que os grupos proveem. No terceiro capítulo deste volume voltarei a esse ponto, analisando as tensões entre liberdade individual e segurança coletiva apontadas por Zygmunt Bauman. De que modo a liberdade é cerceada no grupo? De um lado, cada membro se encontra preso ao líder e, de outro, aos demais membros do grupo. Fortes laços emocionais o prendem em ambas as direções.

Freud observa que o fenômeno do pânico aparece somente quando há desagregação do grupo, quando cada um passa a se preocupar somente consigo mesmo. É importante ressaltar que o pânico não guarda relação de causalidade com o perigo que ameaça o grupo e irrompe muitas vezes em ocasiões ordinárias, que já foram enfrentadas pelo mesmo grupo de maneira altiva. O medo em face do perigo não destrói os laços libidinais do grupo, e sim o contrário: a dissolução dos laços entre as pessoas é que gera o medo. O pânico aparece, portanto, como uma reação ao enfraquecimento da ligação grupal. A palavra pânico abrange, então, ao menos três sentidos: o medo coletivo; o medo do indivíduo (quando se apresenta excessivo); a irrupção de medo de maneira não justificável pelas circunstâncias.

Freud denomina o medo provocado pela cessação dos laços emocionais de medo neurótico ou ansiedade, aplicável tanto aos indivíduos quanto aos grupos. Impossível não pensar, diante do exposto, na disseminação da chamada "síndrome do pânico" na sociedade contemporânea. Será que podemos considerá-la sintoma do insulamento do homem atual, de sua solidão e crise de identidade, da também propagada sensação de não pertencer a nada nem a ninguém? Deixo essas questões para o terceiro capítulo do livro e retomo o comentário a *Psicologia das massas e análise do eu*.

Ao comentar a organização da Igreja, Freud toca em um assunto extremamente atual: a (in)tolerância religiosa. Para ele, a tolerância nada mais é do que um reflexo do enfraquecimento dos sentimentos religiosos e dos laços que estes são capazes de criar. Qualquer laço grupal, seja ele religioso seja político, cria intolerância contra aqueles que não pensam da mesma forma. Dentro do grupo, enquanto persiste a ligação entre os membros, cada um suporta bem as peculiaridades dos outros.

É na desagregação que o narcisismo aparece, que o amor por si mesmo se torna mais importante do que o amor pelos outros. Novamente vale a pena aplicar essa afirmação de Freud à sociedade insulada e narcisista, na qual, sob a rubrica da "tolerância", esconde-se, muitas vezes, indiferença — como aponta Bauman[22] — ou mesmo desprezo pelo outro ou por outras culturas. É sem dúvida mais confortável ser indiscriminadamente tolerante do que lutar por seus próprios valores e ideais.

É no sétimo capítulo (os místicos diriam não por acaso...) que Freud trabalha um conceito fundamental para a compreensão do modo de funcionamento dos grupos do ponto de vista da psicanálise: a identificação. De início, ela é definida como um modo alternativo de estabelecimento de laços emocionais, diferente da libido, voltada para o amor sexual. Em vez de o eu tomar uma pessoa como objeto, como algo que se quer possuir, no processo de identificação o próprio eu de uma pessoa procura se moldar segundo o aspecto daquele(a) que foi escolhido(a) como modelo. A identificação é uma forma primitiva e original do laço emocional.

Freud fornece alguns exemplos desse processo: no caso do homossexualismo masculino, a mãe deixa de ser o objeto para o sujeito, e este, a partir daí, passa a se identificar com ela. Uma criança, diante da perda de um gatinho de estimação, reage identificando-se com o animal, afirmando *ser* o gatinho, andando de quatro. Nesse

---

[22] *Comunidade*, p. 74-75.

50

caso, aliás, houve uma introjeção do objeto no eu da criança.

Outro conceito fundamental que aparece nesse capítulo é o "ideal do eu". Para compreendê-lo, é preciso conceber o eu dividido em duas partes, uma das quais ataca impiedosamente a outra. A parte "vitimada" é aquela que passou por um processo de identificação e que contém o objeto perdido introjetado em si mesma. A parte raivosa é a consciência, a instância crítica a que Freud já havia se referido tanto no artigo sobre o narcisismo quanto em "Luto e melancolia". A melancolia, aliás, é propícia à visualização do processo porque nela ele ocorre de modo extremo, quase caricato.

É difícil verificar o que absorve tanto o melancólico, porque ele insiste em se autorrecriminar, em se apresentar como um ser desprovido de qualquer valor. Seu delírio de inferioridade, sobretudo moral, faz com que ele se recrimine até mesmo em relação a seu passado, chegando a lamentar a sorte de seus parentes por terem de conviver com uma pessoa tão baixa. O quadro se completa com a insônia e a repulsa pela comida, atingindo um ponto de ultrapassagem do impulso que faz com que todo ser vivo se aferre à sua própria sobrevivência.

O melancólico tem uma grande dificuldade de se separar de seu objeto; é justamente o caminho da aceitação da perda que lhe parece ser interditado. Nesse ponto é necessário ressaltar o laço da melancolia com o narcisismo e com o tipo de relação de objeto que ele promove. O narcisista, em geral, se relaciona com o outro pela via da identificação. É pela semelhança e pela possibilidade de incorporação que o objeto se torna interessante, afinal, como canta Caetano Veloso, "narciso acha feio o que não é espelho". Desse modo, uma perda de objeto na realidade material é sentida como uma perda de si mesmo. Em vez de se sentir deixado por alguém, as coisas se passam como se o sujeito narcisista tivesse deixado a si mesmo; fato incompreensível e que mais retém do que libera a libido de que se precisa para o prosseguimento da vida.

Outro fato que torna a melancolia particularmente interessante para entendermos a relação entre o eu e o seu ideal é a redução da autoestima que nela aparece. Para o enlutado — é sempre em comparação ao luto que Freud descreve a melancolia —, por pior que seja a perda, há clareza em relação ao fato de que o *outro* se foi, não ele. No caso da melancolia, essa clareza não existe, porque o sujeito transformou uma parte de seu eu em objeto e "determinou-se" a tratá-lo mal pelo fato de ter sido deixado.

Em *Psicologia das massas e análise do eu*, Freud afirma que, assim como o inconsciente precisa do sono, do humor e dos atos falhos para se expressar, para aliviar as pressões às quais se encontra submetido, *ideal do eu* e *eu* não podem se manter em permanente tensão. O ideal do eu abrange todas as limitações às quais o eu deve aquiescer; nesse sentido, a suspensão de seu jugo constitui uma libertação para o eu. Freud observa que os festivais como o carnaval, por exemplo, existem para isso. Nessas ocasiões em que os excessos são permitidos, o eu pode, enfim, se sentir bem consigo mesmo.

Quando o eu coincide com o ideal do eu, o sujeito é acometido por uma sensação de triunfo. Por outro lado, sentimentos de culpa e de inferioridade revelam a tensão existente entre o eu e seu ideal. Tal fato é bem-ilustrado pela oscilação entre mania e depressão que acomete alguns melancólicos. A mania é um estado de alma que se caracteriza pela sensação de triunfo e de autossatisfação, combinada com a ausência de autocrítica e a abolição das inibições. Nesse quadro, resta pouco lugar para a consideração pelos outros. Contemporaneamente, as revistas de celebridades costumam mostrar pessoas nesse estado, ou que pelo menos parecem estar nesse estado, a crer nas declarações superlativas sobre sua felicidade e seu sucesso. É a prova de que o "problema" foi sancionado "oficialmente".

A depressão, tal como a caracteriza Freud, é um estado de excessiva suscetibilidade do eu acompanhada de autodepreciação. A oscilação entre mania e depressão significa, portanto, que após um período em que o ideal do eu o tratou com especial rigidez, houve um encontro entre os dois, uma espécie de "armistício" que conduz à mania.

Recapitulemos o processo tal como Freud o descreve em "Luto e melancolia", processo que será retomado em *Psicologia das massas e análise do eu*: uma parte do eu se coloca contra a outra, torna-se seu juiz, transformando-a em seu objeto. Esse agente crítico é chamado de "consciência" e tem como função exercer a censura e o teste da realidade. Sua função, em princípio normal e necessária ao funcionamento do aparelho psíquico, pode apresentar uma disfunção patológica: na melancolia, a insatisfação com o eu por motivos de ordem moral ocupa um lugar proeminente. Doença, feiura, fraqueza, inferioridade social — com exceção do temor da pobreza — pouco aparecem como problemáticas na autoavaliação do paciente.

Voltando ao livro de 1921, Freud chama a atenção para o processo de idealização, no qual uma certa dose de libido narcisista transborda para o objeto. Desse modo, este passa a funcionar como um sucedâneo de algum ideal do eu que ainda não foi atingido pelo sujeito. O autor observa que no "pacote" do que designamos amor estão incluídos sempre humildade, limitação ao narcisismo e danos causados a si próprio. No terceiro capítulo veremos como essa definição das implicações do amor parece incompatível com o que dele se espera na chamada pós-modernidade. É importante dizer que minha principal referência na caracterização desse período é a obra de Zygmunt Bauman.

Conforme mencionei anteriormente, o ideal do eu tem como tarefa verificar a efetiva realidade das coisas. É a partir dessa observação que Freud retorna ao tema da hipnose e afirma que o hipnotizador ocupa o lugar do ideal do eu para o hipnotizado. Essa é a razão pela qual tudo o que ele apresenta como real torna-se automaticamente real para aquele que se encontra sob sua influência. O autor define a hipnose como uma formação de grupo limitada pelo número (somente dois), da qual é possível isolar um elemento especial dos grupos: a relação do indivíduo com o líder.

Para Freud, um grupo só sobrevive se todos forem declarados iguais entre si e tiverem um líder — superior aos membros — ao qual possam se referir. O homem é, portanto, um animal de horda conduzido por um chefe. Referindo-se à hipótese de Darwin utilizada em *Totem e tabu*, Freud escreve que o grupo é uma revivescência da horda primeva. Assim como o selvagem sobrevive potencialmente em cada um de nós, a horda pode ressurgir em qualquer reunião fortuita de pessoas.

O líder tem de ser, necessariamente, narcisista, autoconfiante e independente. É preciso que ele gere o sentimento de que todos os membros do grupo são amados por ele da mesma forma. É da pressuposição necessária do amor igualitário do pai que a família retira sua força como formação de grupo. Levando adiante a analogia com a horda primeva, Freud afirma que o líder é o temido pai primevo e que o grupo tem sede de obediência.

No pós-escrito a *Psicologia das massas e análise do eu*, Freud faz uma interessante digressão a respeito dos vínculos afetivos que circulam nos grupos. Segundo o psicanalista, o que consideramos sentimentos afetuosos, em qualquer situação, são descendentes diretos de uma vinculação de objeto totalmente sensual com a pessoa em questão ou com a imagem que fazemos dela. A diferença entre esses tipos de vínculo, denominados por ele "impulsos inibidos em sua finalidade" (*zielgehemmte Sexualtrieben*),[23] e os francamente sensuais, que exigem satisfação direta, é que os primeiros tendem a criar relações mais estáveis do que os últimos. Essa

---

[23] S. Freud, *Massenpsychologie und Ich-Analyse*, in Fragen der Gesellschaft/ Ursprünge der Religion, Frankfurt am Main, S. Fischer Verlag, Studienausgabe, Band IX, 1974, p. 128.

é, inclusive, a grande vantagem funcional dos impulsos inibidos em sua finalidade para a formação de grupos, enquanto os diretamente sexuais lhes são desfavoráveis por seu caráter perturbador e pelas consequências que podem gerar, como o desejo de exclusividade de posse do objeto. É evidente que existe sempre uma mescla, em diferentes doses, de impulsos inibidos e desinibidos nas relações entre as pessoas. Além disso, relações aparentemente estabelecidas como inibidas em sua finalidade sexual podem sempre deixar de o ser e se tornar relações francamente eróticas, e vice-versa. No que tange aos grupos, no entanto, os que são inibidos e conseguem se manter como tais são mais úteis à consecução dos objetivos do grupo. Nas palavras do mestre, "todos os vínculos de que um grupo depende pertencem ao tipo de impulsos inibidos em seus objetivos".[24] Dizendo de outro modo, e sendo rigorosamente freudiana, no princípio (de qualquer agrupamento humano) era o tesão.

Devido à importância que o conceito de ideal do eu possui para a compreensão de *O mal-estar na civilização* e de todo o desenvolvimento deste volume, apresentarei brevemente observações retiradas de um livro publicado pouco depois de *Psicologia das massas e análise do eu*, no qual alguns elementos da teoria, como o de que caberia ao ideal do eu a verificação da realidade, são significativamente modificados. Em *O ego e o id* — ou o "eu" e o "isso", conforme eu preferiria traduzir *Ich* e *Es* —, de 1923, Freud dedica todo o terceiro capítulo às relações entre o eu e o supereu,

---

[24] Ibidem, p. 130. A tradução da frase é minha.

ou ideal do eu. Nesse texto, os dois termos são usados praticamente como sinônimos. A primeira novidade é a relativização da ligação entre o ideal do eu e a função exercida pela consciência.

O ideal do eu é aqui definido como fruto da mais importante identificação de um indivíduo, aquela que foi realizada com o pai nos primórdios de sua história de vida. Retornando ao tema do complexo de Édipo, Freud observa que o menino, tomado como parâmetro, desenvolve intensa ligação de objeto com a mãe (advinda de sua dependência do seio materno) e se identifica com o pai desde a mais remota infância. Durante certo tempo, esses dois relacionamentos convivem harmonicamente; é só no período do complexo propriamente dito, quando os desejos sexuais pela mãe se tornam mais fortes, que o pai passa a ser visto como um rival. A partir daí, a identificação com o pai manifesta a ambivalência existente nela desde o início: o menino quer tirar o pai de seu lugar e possuir a mãe de maneira exclusiva.

Com a dissolução do complexo de Édipo, o investimento libidinal na mãe deve ser abandonado, e ao menino restam as opções de se identificar com ela ou intensificar sua prévia identificação com o pai. A última escolha é a mais frequente e permite que a relação afetuosa com a mãe seja mantida. Essa saída do impasse edípico, segundo Freud, consolidaria o caráter masculino do menino. Não me estenderei sobre os outros destinos possíveis para o complexo de Édipo, tampouco falarei do processo no que tange às meninas, porque isso desviaria a atenção da questão do ideal do eu. Ademais, o processo será novamente descrito em *O mal-estar na civilização* e, portanto, retomado na segunda parte do livro.

O que importa ressaltar é que o resultado geral do complexo de Édipo é a formação de uma espécie de precipitado no interior do eu, que consiste nas identificações feitas tanto com o pai quanto com a mãe, que se apresentam unidas de determinada forma. Esse precipitado no eu desfruta de uma posição privilegiada e se porta diante dos outros conteúdos do eu como um ideal do eu (ou supereu). O supereu não é só um resíduo das primitivas escolhas de objeto feitas pelo isso — equivalente, *grosso modo*, ao inconsciente —, ele é também uma formação reativa bastante enérgica contra essas escolhas. Afinal, a missão do supereu é reprimir o complexo de Édipo: ao mesmo tempo em que incita o indivíduo a ser tal como o pai, a tomá-lo como modelo, ele sabe que ninguém pode ser como o pai, que há prerrogativas que são exclusivas deste.

O supereu possui um caráter compulsivo, e Freud o compara ao imperativo categórico kantiano. A fórmula da lei moral, para Kant, exige a obediência incondicional; independentemente das circunstâncias, "doa a quem doer": *Age de modo tal que a máxima da tua ação possa se transformar em lei universal (para todos)*. Aplicável a qualquer conteúdo da experiência concreta do homem, essa fórmula contém em si a essência do *dever*. Quem a compreende compreende ao mesmo tempo toda a dureza contida no sentimento puro de cumprimento do dever, dureza que é reconhecida pelo próprio filósofo em sua obra. Nesse sentido, a relação estabelecida entre o supereu e o imperativo categórico de Kant é prenhe de consequências para a clínica e para a teoria psicanalíticas, consequências que, aliás, são exploradas exaustivamente por Jacques Lacan em sua reflexão sobre a ética da psicanálise. Freud voltará à questão do caráter compulsivo do supereu em *O mal-estar na civilização*.

O supereu freudiano expressa permanentemente a influência dos pais em nossa vida. Ele atua como uma voz interior que sempre reconta o passado esquecido de nossas primeiras identificações. É a herança que nos resta do complexo de Édipo. Quando crianças, nos sentimos maravilhados e, ao mesmo tempo, temerosos diante desses seres superiores que são nossos pais. Posteriormente, colocamos esses seres em nós mesmos na forma do ideal do eu, o representante de nossas relações com eles.

Freud observa que, ao erigir o ideal do eu, o eu domina e ultrapassa o complexo de Édipo, mas ao mesmo tempo se coloca em posição de submissão ao isso. Enquanto o eu é fundamentalmente o representante do mundo externo, das pressões e impressões da realidade, o supereu representa o mundo interior, o isso. Os conflitos entre o eu e o ideal, portanto, refletem em última instância o contraste entre o real e o psíquico, entre os mundos externo e interno.

O ideal do eu se liga às mais altas aspirações humanas. Todas as religiões, por exemplo, dependem dessa instância — derivada do anseio pelo pai — para existir. A humildade dos crentes das mais variadas procedências teria tido sua origem no autojulgamento que declara ser impossível ao eu atingir seu ideal. Seguindo o procedimento típico de projetar os processos psíquicos individuais nos processos sociais e, em última instância, na história da espécie, Freud observa que professores e pessoas em posição de autoridade continuam na sociedade, por meio dos limites que impõem ao comportamento e das diretrizes que apontam, a tarefa iniciada pelo pai no seio da família: a de manter vivos os conteúdos do ideal do eu e exercer as funções de consciência e censura moral. Para Freud existiria ainda uma espécie de transmissão filogenética do isso. Na medida em que o ideal do eu tem suas raízes no isso, dentro de cada um de nós estariam arquivados, de alguma forma, os ideais erigidos repetidamente por inúmeras gerações que nos precederam (os detalhes dessa especulação não cabem nos limites deste escrito).

O texto que precede imediatamente o livro *O mal-estar na civilização*, tanto em termos de redação e publicação quanto tematicamente, é *O futuro de uma ilusão* (1927). É inclusive como resposta a uma crítica feita a esse artigo que Freud inicia a escrita de *O mal-estar na civilização*, conforme veremos no segundo capítulo.

Freud se propõe a investigar o destino da civilização e de saída enumera os obstáculos que vai enfrentar na empreitada: a impossibilidade virtual de encontrar uma perspectiva mais ampla para avaliar toda a gama de atividades humanas sem cair em particularidades; e a dificuldade de evitar que características subjetivas — tais como um maior ou menor grau de pessimismo ou otimismo — influenciem o juízo sobre o assunto. Além disso, Freud reconhece a fragilidade sobre a qual se assenta qualquer forma de profecia. Não obstante, segue em frente — de modo especulativo como na melhor filosofia —, tentando extrair o máximo da parcela de conhecimento que até então obteve.

Logo no início do escrito, como mencionei na introdução, Freud afirma desprezar a distinção cultura/civilização. Esse é um dado importante para a leitura tanto de *O futuro de uma ilusão* quanto de *O mal-estar na civilização*. Sob o termo civilização, o autor entende o conjunto de conhecimentos e a capacidade adquirida pelo homem de controlar as forças da natureza para dela extrair a riqueza necessária à satisfação de suas necessidades. Outro aspecto, complementar a esse, é o conjunto de regulamentos necessários para reger a convivência entre os homens e distribuir a riqueza disponível entre eles. Freud considera, em relação ao último ponto, que a convivência humana é profundamente dependente do grau de satisfação pulsional que a riqueza disponível possibilita.

Antecipa, assim, o argumento central de *O mal-estar na civilização* e empreende uma ácida crítica às religiões. Afirma que todo indivíduo, embora reconheça as virtudes do arranjo civilizatório e as desvantagens do "estado de natureza", é, virtualmente, um inimigo da civilização, na medida em que ela restringe suas possibilidades de dar livre curso a seus impulsos.

O mito da horda primeva a que nos referimos anteriormente, descrito por Freud em *Totem e tabu*, foi outra forma de estabelecer a oposição entre civilização e barbárie a fim de contar a história da opção humana pela primeira. Assim como os irmãos submetidos ao pai tirânico, a maioria de nós prefere a segurança da vida coletiva regulada à aventura de descobrir, em ato — ao tentar tomar o objeto sexual e os pertences de outro sem seu consentimento — qual é o homem mais forte. A favor dessa escolha é suficiente a ponderação das opções disponíveis, a saber: refrearmos nossos impulsos ou darmos livre curso a eles — conscientes de que outros também se permitirão a mesma coisa.

Apesar disso, e embora todos os homens de bom senso reconheçam a impossibilidade de viver sozinhos, os impulsos hostis e destrutivos que os mesmos homens carregam em si ameaçam periodicamente a vida em comum. De modo que é preciso, paradoxalmente, defender as criações culturais do homem contra o próprio homem.

Freud considera que, se fosse suspensa a vigilância constante que a civilização impõe aos seus membros, a maior parte das pessoas não seria capaz de empreender de moto próprio o trabalho necessário à aquisição de novas riquezas. Para ele, as massas precisam ser monitoradas por uma minoria para se dedicar ao trabalho. Deixadas a sua própria sorte, as pessoas que a compõem são "indolentes e insensatas; não gostam de renunciar aos impulsos, não podem ser persuadidas com argumentos da inevitabilidade dessa renúncia e seus indivíduos se fortalecem mutuamente na tolerância aos desregramentos que praticam" [25] Somente uma minoria dotada de autodisciplina e capaz de se oferecer como exemplo pode instigar a massa a traba-

---

[25] *O futuro de uma ilusão*, p. 40.

lhar, já que os homens não são naturalmente afeitos ao trabalho, tampouco são suscetíveis a argumentos que contrariem suas paixões. Sobre a possibilidade de que tal quadro venha a se modificar, sobretudo por meio da educação, Freud se mantém cético, acreditando que se fosse possível transformar a maioria hostil à civilização numa minoria, talvez já se tivesse conseguido tudo o que é possível conseguir dos seres humanos.

A revolta contra a civilização, segundo observa Freud, é ainda maior entre as classes oprimidas, que a sustentam com seu trabalho sem poder desfrutar de nada além do mínimo da riqueza gerada pelo esforço comum. Nem mesmo a arte, antídoto poderoso à hostilidade contra a cultura, que tem o poder de reconciliar o homem com seus ideais, é acessível às massas, posto que estas não receberam educação para apreciá-la e, ademais, encontram-se cativas de um trabalho exaustivo. Freud considera que esse estado de coisas, de insatisfação da maioria, não poderá perdurar por muito tempo. Em relação a esse ponto, é importante lembrar que ele não chegou a vivenciar o florescimento da indústria cultural e da cultura de massas, que mudou significativamente a relação dos menos favorecidos com a cultura e a arte. Boa parte da produção cultural e artística — sobretudo a norte-americana, mas também a europeia — que se desenvolveu com mais vigor a partir do pós-guerra não só não exigia um alto nível educacional para ser apreciada como era dirigida diretamente às massas, feita sob medida para suas possibilidades de apreciação (o ensaio sobre a indústria cultural no clássico livro de Theodor Adorno e Max Horkheimer,

Dialética do esclarecimento, analisa precisamente essa mudança).

Freud comenta que vários desejos humanos foram sendo progressivamente proscritos ao longo da história, de modo que quase não se discute mais a possibilidade de que voltem a ser considerados legítimos: entre eles encontram-se o incesto, o canibalismo e a ânsia de matar. De todos, o canibalismo parece ser o mais firmemente proscrito, e Freud aventa a hipótese de que em futuros desdobramentos da cultura outros desejos se tornem tão inaceitáveis quanto ele.

Mal poderia o mestre imaginar que, na direção contrária a um aumento da lista de desejos proscritos, a cultura "pós-moderna" daria ensejo, com o uso de sua ferramenta mais típica, a internet, a um *revival* do canibalismo na cidade provinciana alemã de Rothenburg, não longe do cosmopolitismo de Frankfurt. Em 2001, depois de uma busca em páginas de relacionamento, Armin Meiwes finalmente encontrou um engenheiro de meia-idade, bem-empregado na Siemens, que se dispôs a ser comido, literal e não simbolicamente, por ele. E o canibal ainda começaria pelo pênis de sua "vítima".

Por outro lado, não resta dúvida de que atitudes toleradas e até incentivadas na época de Freud, como a discriminação racial, por exemplo, hoje são consideradas inaceitáveis. O que o "canibal alemão" demonstra com seu crime é, em primeiro lugar, a pertinência da hipótese freudiana de que existe sempre uma contracorrente de barbárie no seio da civilização mais "bem-acabada". Em segundo lugar, é possível observar quanto a sociedade ampliou (ao menos subjetivamente) o escopo da liberdade individual, permitindo que a revogação de um interdito tão forte seja combinada por meio de uma ferramenta tão ágil e popular quanto a internet. Ainda que o uso desta para fins ilícitos esbarre, como foi o caso, no sistema jurídico e na moral vigente no país onde o "crime consentido" foi cometido. Se o depoimento de Armin Meiwes corresponder aos fatos, poder-se-ia dizer até mesmo que não houve propriamente um perpetrador e uma vítima no acontecimento.

Voltando a Freud, considero relevante, sobretudo para a discussão que proponho no terceiro capítulo do livro, mencionar sua posição a respeito do papel dos ideais como fator de coesão dos grupos culturais. Os ideais são uma espécie de inventário daquilo que merece a estima de um grupo e representam, para esse grupo, os pontos a que deve chegar. Os ideais são como bússolas que orientam a direção dos investimentos de uma coletividade. Por outro lado, esses mesmos ideais derivam das primeiras realizações do grupo, que por sua vez dependeram da combinação de seus dotes intrínsecos com as circunstâncias de seu entorno. Esses primeiros "feitos" de um grupo tornam-se, assim, o modelo do que deve ser levado adiante por ele.

O tipo de satisfação que o ideal proporciona ao grupo é de natureza narcísica, e se torna tão maior quanto mais o grupo dispõe de outras unidades culturais em relação às quais pode se medir e comparar. É a partir da intensidade dessas diferenças que toda cultura se sente facultada a considerar-se superior às outras. Em *O mal-*

estar na civilização, conforme veremos adiante, Freud voltará ao assunto e batizará esse sentimento de "narcisismo das pequenas diferenças".

Apesar do que foi dito anteriormente a respeito da insatisfação a que são condenadas as massas, Freud observa que a comunhão em torno dos ideais e o consequente desprezo por outros povos ou nações serve como uma espécie de reparação, uma compensação devida à opressão daqueles que ocupam os lugares inferiores no seio de uma unidade cultural. Além disso, as massas podem se sentir ligadas emocionalmente a seus senhores, e é provavelmente isso o que explica a sobrevivência de tantas civilizações, apesar da hostilidade sempre presente nelas. Como vimos no comentário à *Psicologia das massas e análise do eu*, os líderes têm um papel fundamental no sentido de manter essa coesão na massa.

Freud observa uma tendência que abarca cada homem individualmente, assim como a espécie: a de "dominar" a acachapante superioridade das forças da natureza em relação às suas próprias, transformando-as em deuses, um tipo especial de "pessoas" que, em sua superioridade, os remetem às sensações de conforto e proteção que experimentaram, em tenra idade, em relação a seus pais.

No decorrer da história da civilização e do concomitante desenvolvimento da ciência, os homens perceberam cada vez mais claramente que os fenômenos naturais obedecem a leis e regularidades próprias. A natureza foi, desse modo, perdendo seus traços antropomórficos sem que, no entanto, o desamparo humano deixasse de existir. Os deuses teriam sido criados para cumprir três missões: inicialmente, amortecer o pavor que o homem sente diante das forças da natureza e do Destino, sobretudo no que tange à sua lida com a morte, e compensá-lo pelas frustrações causadas pela vida civilizada. Com a separação cada vez maior entre os campos da natureza e da cultura, os deuses foram se "especializando", digamos, nas questões da moralidade e da distribuição dos destinos entre os homens. Os deuses, inventados pelos homens como criadores dos preceitos da civilização, tornaram-se seus zeladores, responsáveis por fazer com que os indivíduos mantivessem sua obediência a esses preceitos.

Freud resume as ideias religiosas ao se concentrar na faceta final que assumiram na civilização cristã: o mundo foi criado por um Pai sumamente justo e benevolente, embora nem sempre seja possível perceber tal benevolência por meio de seus atos; a vida serve a um propósito maior e a morte é uma passagem para uma etapa superior de evolução. A formação da religião é uma defesa contra o desamparo infantil que o homem adulto não deixa de perceber em si, em seu sentimento de vulnerabilidade diante do caráter errático da vida. Assim como sentiu em criança, é necessário um pai para tornar a vida adulta viável.

O positivismo de Freud e sua aguerrida defesa da razão diante da influência das ideias religiosas revelam-se com clareza cada vez maior: a religião, segundo ele a define, é constituída de doutrinas e afirmações sobre fatos não comprováveis racional nem empiricamente e que, por isso, demandam a adesão sob a modalidade de crença. Mesmo as provas consideradas históricas de acontecimentos decisivos para as doutrinas religiosas "estão registradas em escritos que trazem, eles próprios, todos os sinais de serem indignos de confiança",[26] de modo que não se pode fundamentá-las a partir desses documentos tantas vezes revistos e alterados.

Categoricamente, como também escreveria o filósofo Immanuel Kant, Freud afirma que acima da razão não podemos contar com nenhuma outra instância de julgamento. Se as religiões dependem de uma experiência interior singular e não permeável pela razão para garantir sua veracidade, como lidar com os muitos indivíduos que não tiveram acesso a essa mesma experiência? Nesse ponto, Freud delimita claramente a linha divisória entre ética e religião: "Pode-se exigir de todos os homens que empreguem o dom da razão que possuem, mas não se pode erigir uma obrigação que seja válida para todos sobre um motivo que existe apenas para bem poucos."[27] É esse o ponto crucial que o instiga a perguntar como as religiões adquirem tanta relevância sendo tão independentes, como vimos, dos ditames da razão.

Tal fato só pode ser explicado se nos voltarmos para a origem psíquica das ideias religiosas. Sua força, conforme o exposto, deriva do fato de a religião resolver conflitos e anseios vividos por cada indivíduo em sua infância e conseguir dar a ele uma solução para todos, ou seja, uma solução universal. Essa projeção do individual para o universal é,

---

[26] Ibidem, p. 76.
[27] Ibidem, p. 80.

segundo Freud, fonte de grande alívio para cada pessoa em particular.

Freud caracteriza como ilusões todo o cabedal de ideias que compõem a religião. Para ele, ilusão não é o mesmo que erro, no sentido que se dá a algumas ideias científicas que foram posteriormente desmentidas, como o fato de que a Terra estaria no centro do universo. Uma ilusão se aproxima mais da estrutura de um delírio psiquiátrico, na medida em que deriva de desejos humanos. Mas, ao contrário do delírio, que se encontra em oposição à realidade, nem sempre uma ilusão é irrealizável, como, por exemplo, a ilusão de que um príncipe se apaixonará por uma moça de classe média. É característico da ilusão não dar importância à possibilidade de ser verificada; ela é uma crença que extrai sua força de um desejo, e esse mesmo desejo tende a obnubilar seu confronto com a realidade.

Mais uma vez, o pai da psicanálise professa sua adesão à ciência ao afirmar que só por meio dela podemos aceder a um conhecimento seguro sobre a realidade externa a nós. E aproveita a ocasião para criticar os filósofos, na medida em que eles criam conceitos "restauradores" das ideias religiosas como se ainda acreditassem de fato nelas. Posteriormente, caracteriza como propriamente religiosa não a postura de desamparo diante da vida e do universo, e sim a postura de tentar "sanar" essa sensação de impotência e fragilidade. Aqui, sem dúvida, o doutor Freud se encontra com Nietzsche.

Respondendo a um interlocutor imaginário — que o condena por solapar os fundamentos da religião sem poder oferecer aos homens algo melhor do que ela —, Freud observa que se absteria de bom grado da crítica caso a religião tivesse realmente confortado a maior parte da humanidade. Endurecendo ainda mais o discurso, ele observa que os sacerdotes só conseguiram manter as massas submetidas aos ditames da religião graças às grandes concessões que fizeram em relação a seus preceitos originais. A "confortável" conclusão a que as religiões acabaram por chegar é a de que só Deus é realmente forte e bom, restando ao homem ser fraco e pecador: "Em todas as épocas, a imoralidade não encontrou menos apoio na religião do que a moralidade."[28]

Há uma diferença significativa — no que tange à necessidade da religião como veículo da moralidade necessária à civilização — entre os homens mais instruídos e as massas oprimidas. Para os que executam um trabalho intelectual, a passagem dos motivos religiosos que justificam a vida na cultura para motivos seculares se dá de modo suave; seu próprio trabalho já os transforma em veículos da civilização, e não em seus inimigos. Quanto aos oprimidos pelos ditames civilizados, a coisa é temerariamente diferente: se perceberem que, no fundo, as pessoas não acreditam mais em Deus, talvez sua hostilidade à cultura encontre finalmente um caminho desimpedido para se expressar. Se não há punição divina a temer em caso de assassinato, por que não cometê-lo? Mesmo supondo que essas pessoas aceitassem os resultados apresentados pela ciência, segundo Freud elas não

---

[28] Ibidem, p. 99.

disporiam da mudança subjetiva que o pensamento científico opera nas pessoas. De modo que provavelmente só seria possível controlar a massa por meio da força. Para evitar tal destino, das duas uma: ou as massas deveriam ser mantidas distantes de qualquer despertar intelectual ou a relação entre religião e civilização deveria ser profundamente revista.

Seria possível convencer alguém da legitimidade do mandamento de não matar recorrendo ao argumento simples de que a insegurança da vida atinge a todos de igual maneira e em proporção semelhante. É inclusive essa a razão pela qual os homens se reúnem numa coletividade orientada por esse mandamento e, além disso, estabelecem um sistema de punição (uma ordem jurídica) para quem viola essa proibição. Ao afirmar que essa proibição necessária à cultura foi emitida por Deus, no entanto, ela adquire colorações místicas e solenes e corre o sério risco de se tornar totalmente dependente da crença em Deus. Como afirmamos anteriormente, é nítida a preocupação do autor em separar ética de religião, mirando, evidentemente, o benefício da primeira e a desmistificação da segunda. Para Freud, a cultura teria muito a ganhar se abandonasse a crença em Deus como grande legislador da vida humana e reconhecesse a origem demasiado humana de todos os regulamentos da civilização.

Ao compreender que esses regulamentos não foram editados por deuses santos e ao mesmo tempo opressores, e sim pelos próprios homens, visando a seu próprio benefício, talvez o fardo da civilização se tornasse mais leve para os ombros que o carregam. Afinal, regras humanas podem ser revistas, modificadas, ampliadas, ao contrário das regras divinas.

Para Freud, a religião seria a neurose obsessiva da humanidade e, tal como a neurose obsessiva das crianças, tenderia a desaparecer no curso do processo de crescimento e da dissolução do complexo de Édipo (no caso da humanidade, seu complexo se referiria à relação com o Deus pai). Talvez a humanidade esteja pronta para o momento — presente em todo tratamento psicanalítico — em que a operação racional substituirá os efeitos da repressão. Talvez ela possa, chegando à maturidade, abrir mão do apoio de um pai idealizado e assumir por si mesma a responsabilidade pelas regras de convivência que devem minimizar, até onde é possível, o desamparo de cada um.

Freud considera o verdadeiro propósito de seu livro a indicação da necessidade de "crescimento" do homem, de saída de seu infantilismo ou, como diria Kant, de sua "minoridade". Esse texto de Freud, aliás, encontra ressonâncias significativas no libelo de Kant *Resposta à questão: o que é o iluminismo?*. De certa forma, *O futuro de uma ilusão* também pode ser lido como uma defesa do Iluminismo, com sua crítica a todas as formas de religião e de crença mística. Freud insiste em que não há outro meio de controlar a vida pulsional a não ser usando a inteligência, a luz da razão.[29] Apesar de todo o pavor que o homem pode sentir ao se ver privado do apoio da religião, Freud considera que é somente tendo consciência de que se está en-

---

[29] Ibidem, p. 117.

tregue aos próprios recursos que se pode aprender a fazer melhor uso deles.

Completando a profissão de fé iluminista, Freud termina seu escrito afirmando acreditar que, "a longo prazo, nada pode resistir à razão e à experiência, e a oposição da religião a ambas é por demais manifesta".[30] Além disso, defende a ciência da acusação de ser, também ela, uma forma de ilusão (e nesse ponto se afasta de Nietzsche). As mudanças de opinião na ciência são desenvolvimentos, progressos, e não algo que a tornaria menos capaz de aumentar o domínio do homem sobre o mundo externo. Para Freud, a verdadeira ilusão seria acreditar que o que a ciência não pode fornecer à humanidade em termos de conhecimento e controle sobre o mundo estaria disponível em outro lugar.

Outro escrito relevante para a questão do conflito entre as pulsões do homem e as exigências da civilização é a correspondência de Freud com Albert Einstein, escrita alguns anos depois de *O mal-estar na civilização* e publicada sob o título *Por que a guerra?*. Nela é possível verificar a fidelidade de Freud às teses expostas no livro de 1930. Para além da contribuição dessa carta à teoria freudiana da cultura, trata-se de um documento importante para mostrar as preocupações correntes do período entre guerras (Freud já havia abordado o assunto em "Reflexões para os tempos de guerra e morte", em 1915). Em 1931, o Instituto Internacional para a Cooperação Intelectual, instruído

---

[30] Ibidem, p. 129.

pela Liga das Nações, solicitou a intelectuais de renome que discutissem assuntos de interesse para a própria Liga das Nações e para a vida intelectual em geral em cartas que seriam posteriormente publicadas. Einstein foi convidado a participar do projeto e sugeriu o nome de Freud como seu interlocutor. A carta de Einstein a Freud foi enviada em agosto de 1932 e a resposta de Freud foi remetida ao físico em setembro do mesmo ano. A correspondência foi publicada em Paris, em 1933, em três idiomas simultaneamente: inglês, francês e alemão. Provavelmente por conta das circunstâncias que depois conduziriam à Segunda Guerra, a circulação da correspondência foi proibida na Alemanha.

A carta de Einstein tratava do problema da guerra e da necessidade premente de livrar a humanidade dessa ameaça, já que o progresso da ciência teria colocado o homem diante da possibilidade de destruir a civilização na sua forma atual. Reconhecendo o fracasso das tentativas institucionais e jurídicas, no âmbito internacional, de promoção da paz, o físico levanta a suspeita de que os motivos que levam pessoas e nações a se engajarem no esforço de guerra em prejuízo de si mesmas deve ter raízes psicológicas. Na condição de físico, tais motivos se lhe afiguram obscuros, de modo que se vê impotente para propor algum tipo de interferência na sociedade capaz de mudar o curso dos acontecimentos. Há em sua carta um apelo ao psicanalista vienense para que apresente diretrizes educacionais capazes de domar esses fortes impulsos destrutivos do homem.

Na resposta de Freud encontra-se, fundamentalmente, a descrição da cultura como um processo que se faz aos poucos — e que precisa ser constantemente preservado das forças que o ameaçam — e uma retomada do conceito de pulsão de morte, desenvolvido de forma extensa e aprofundada em "Além do princípio do prazer".[31]

Freud observa inicialmente que embora direito e poder pareçam opostos, não é difícil demonstrar como o direito se desenvolveu a partir da violência (outro nome para poder; *Gewalt*, em alemão) e que, tal como ocorre no reino animal, os conflitos entre os seres humanos são resolvidos pelo recurso à violência. Em um nível mais abstrato, esses mesmos seres encaminham seus conflitos em torno da opinião.

Retomando a ideia de horda primeva desenvolvida em *Totem e tabu*, o autor observa que ao longo do tempo a força muscular bruta foi sendo substituída pelo poder intelectual, pela capacidade de criar e manejar armas eficientes no combate aos inimigos. Conforme vimos no episódio do assassinato do pai da horda no livro de 1913, o caminho do primado da violência bruta ao primado do direito e da lei se deu pelo reconhecimento de que só a união faz a força. A lei representa a força de uma comunidade e guarda semelhanças estruturais com a violência; a única diferença, nesse caso, é que ela representa a vontade da comunidade, e não a de um único homem.

---

[31] Esse texto já foi comentado na coleção Para ler Freud no volume *Além do princípio do prazer — Um dualismo incontornável*, de Oswaldo Giacoia Junior.

A união da coletividade, para funcionar efetivamente, deve ser estável e duradoura. Para isso, é preciso que haja organização e autoridades capazes de executar os atos legais necessários ao combate daqueles que se opõem ao *status quo*. Só o reconhecimento de interesses comuns pode manter unidos os membros de um grupo, interesses que, por sua vez, precisam ser amalgamados por sentimentos comuns.

No interior da própria comunidade, o poder é distribuído de maneira desigual e sem dúvida a justiça é feita pelos mais poderosos. Diante disso, duas forças atuam simultaneamente: de um lado, os mais poderosos tentam escapar do domínio das leis e retornar ao uso da violência. De outro, os mais oprimidos lutam para fazer com que a justiça também contemple seus interesses. Essas duas forças concorrem, de modo geral, para criar um estado de coisas mais igualitário ou, simplesmente, um novo regime jurídico por meio da redistribuição do poder dentro da comunidade. Muitas vezes, essa alternância de poder é feita ou mantida por meio do recurso à violência, mas Freud observa que existe um meio de modificar as leis de modo pacífico: a transformação cultural dos membros da comunidade.

Duas coisas mantêm uma comunidade unida: de um lado, a coerção da violência, de outro, as identificações entre seus membros. As últimas são forjadas por ideias capazes de criar vínculos fortes entre as pessoas, tais como o foram, em seus respectivos momentos históricos, o pan-helenismo e o cristianismo. Freud observa que em sua época não existem tais ideias unificadoras e que os ideais nacionais, na verdade, atuam justamente no sentido oposto, o da dissenção (pode-se imaginar que esse comentário tenha contribuído bastante para a proibição da circulação da correspondência na Alemanha...). Alguns objetariam que só a forma comunista de pensar poderia pôr fim à guerra. Além de considerar esse objetivo bastante remoto, Freud observa que ele talvez só pudesse ser atingido por meio de terríveis guerras civis. Mais uma vez, é preciso que se reconheçam os poderes antecipatórios do mestre de Viena.

Einstein, em sua carta, havia comentado como era fácil insuflar nos homens o desejo de cooperar com os promotores da guerra. E foi diretamente ao encontro da teoria psicanalítica ao levantar a suspeita de que haveria nos homens uma espécie de instinto de destruição. Isso ensejou Freud a fazer, em sua resposta, um breve resumo da teoria das pulsões, no qual se destaca a observação de que elas nunca existem de modo puro, isolado, e sim mescladas umas às outras. Uma pulsão não consegue operar de modo isolado, ela precisa de determinada quantidade de outra para modificar seu objetivo ou mesmo para realizá-lo. A pulsão de autopreservação, por exemplo, embora seja de natureza erótica, não tem meios para atingir seu propósito sem uma dose de agressividade. Da mesma forma, o amor não consegue obter a posse de seu objeto sem que a pulsão de domínio o ajude. É por essa razão que Freud alerta para a impropriedade de se atribuir juízos éticos de bem e de mal à teoria das pulsões, como, por exemplo, julgar "má" a pulsão de morte e "boas" as pulsões sexuais.

Lançando um olhar atento às crueldades do passado e do presente encontraremos sempre os desejos de agressão e destruição, que, para escoar mais facilmente, se mesclam a motivos eróticos ou idealistas. Nesse sentido, é interessante a observação feita por Einstein de que os intelectuais, por desconhecer a rudeza da vida, tornam-se presas fáceis de empreitadas políticas que conduzem à guerra.

A pulsão de morte se torna destrutiva quando se lança sobre objetos do mundo exterior, e provoca fenômenos normais e patológicos quando em alguma medida continua atuante dentro do organismo. Resumo da ópera: para desapontamento do eminente físico, o mestre de Viena afirma não ser possível eliminar as inclinações agressivas dos homens. O máximo que se pode conseguir é desviar os impulsos destrutivos até o ponto em que não precisem resultar em guerra. Também seria possível combater a guerra com métodos indiretos, reforçando o estreitamento dos vínculos emocionais entre os homens, ou seja, opondo Eros a Thânatos. Esses vínculos podem ser semelhantes ao vínculo amoroso, excetuando-se a finalidade sexual, ou podem ser da ordem da identificação, do compartilhamento de interesses que leva à comunhão de sentimentos. A estrutura da sociedade se baseia nas identificações.

Ao final da carta, Freud conclui que a oposição veemente à guerra também dispõe de motivos profundos, orgânicos, ainda que diversos argumentos razoáveis possam ser evocados em seu socorro (a guerra destrói vidas e os produtos criados pelos homens, por exemplo). Retomando argumentos expostos em "Moral sexual civilizada e doença nervosa moderna" e em *O mal-estar na civilização*, Freud afirma que as modificações psíquicas que acompanham o desenrolar da cultura são claras. É possível acompanhar um progressivo deslocamento das finalidades pulsionais e uma crescente restrição a elas.

Tal como Friedrich Nietzsche em *Genealogia da moral*, o autor observa que sensações agradáveis para os nossos antepassados hoje nos parecem indiferentes ou mesmo desagradáveis. Basicamente, é possível observar no decurso da história cultural um fortalecimento das forças do intelecto sobre as forças pulsionais e, ao mesmo tempo, uma internalização dos impulsos agressivos. A guerra, nesse sentido, adquire os contornos de uma afronta à mutação psíquica que o processo civilizatório provocou nos seres humanos. O pacifismo, portanto, não é somente um repúdio intelectual e emocional à guerra, mas uma intolerância constitucional.

A questão deixada em aberto pelo pai da psicanálise é: quando o restante da humanidade também se tornará pacifista? Espera-se — talvez ingenuamente — que a atitude civilizatória e o medo das consequências do conflito armado trabalhem no sentido de evitá-la, embora não se possa prever precisamente por que meios. Em suma, tudo o que trabalha a favor da evolução cultural trabalha contra a guerra (inclusive a psicanálise...).

SEGUNDO CAPÍTULO: UM RESUMO DO LIVRO DE FREUD

O mote inicial de *O mal-estar na civilização* é responder ao romancista Romain Rolland a respeito de sua crença de que a origem da religiosidade seria o "sentimento oceânico", a sensação de estar em continuidade com tudo e com todos, e não, como afirma Freud em *O futuro de uma ilusão*, o desamparo infantil e a demanda por um pai superpoderoso que amenize esse sentimento. Embora o romancista concorde com a tese de Freud de que a religião é uma forma de ilusão, considera a presença desse "sentimento oceânico" por si só uma espécie de manancial de energia que, sem garantir a imortalidade, sem se transformar em artigo de fé, faz de alguém um sujeito religioso. Mesmo considerando muito difícil lidar com esse "sentimento oceânico" como se fosse algo de natureza primária e autoevidente, Freud se impõe a tarefa de verificar se ele pode ser encarado como a fonte e a origem do anseio religioso, tomando como instrumento a teoria psicanalítica.

A percepção que temos de nosso eu faz dele uma entidade autônoma e unitária, com fronteiras precisas que o separam do mundo externo. A psicanálise estabeleceu, no entanto, que ele possui uma extensão para o interior, sem se separar dela nitidamente, denominada "isso", para a qual o eu serve como uma espécie de fachada ou escudo. Em sua faceta exterior, o eu parece manter geralmente suas fronteiras bem-definidas, com exceção dos píncaros do sentimento de paixão — nos quais a fronteira entre o eu e o objeto ameaça se esvair — e um e outro estado patológico nos quais uma pessoa "estranha" partes de seu próprio corpo e de sua própria vida mental.

O sentimento do eu do adulto, no entanto, não foi assim desde o início da vida. Um bebê vivencia tudo o que o afeta sem distinguir o eu do mundo externo. Gradativamente, ele vai percebendo que possui poder e influência sobre algumas de suas fontes de sensações e que, portanto, pode provocá-las, ao passo que outras — como o prazer de sugar o seio da mãe — só aparecem esporadicamente e, em geral, como resultado de seus gritos. A ação específica de gritar para obter o seio demonstra para o pequeno e indefeso eu a existência de um "objeto", ou seja, de algo que existe fora e independentemente dele.

Outro elemento que separa o eu da massa indistinta de sensações que o afetam é a experiência repetida do sofrimento e do desprazer, que aciona o mecanismo de fuga imposto pelo princípio do prazer. Surge, então, a tendência a isolar do eu toda fonte possível de desprazer, a lançá-lo para fora na forma de um eu que só busca o prazer, em contraste com o mundo exterior hostil. A dura experiência da vida, no entanto, muito cedo obriga esse "eu prazer" a rever seu programa de ação. Lamentavelmente, algumas das coisas que são fonte de prazer se encontram do lado de fora do eu, são objetos; assim como algumas das fontes de desprazer são impossíveis de ser isoladas do eu por se encontrar, na verdade, dentro dele mesmo. Essa constatação exige um esforço no sentido do direcionamento das próprias sensações e de uma ação muscular específica, diferenciando o interno do que é externo. Assim, entra em cena o estratégico princípio de realidade, princípio esse que condiciona todo o desenvolvimento ulterior do sujeito. Ele nos capacita, em última instância, para a defesa contra o sofrimento real ou pressentido.

Num primeiro momento, o eu inclui tudo a sua volta e é apenas posteriormente que ele destaca de si um mundo externo. O sentimento do eu do adulto não passa de um pálido sucedâneo de um sentimento muito mais vasto que, nos primórdios de seu desenvolvimento, o unia muito mais intimamente ao mundo exterior. Se considerarmos a hipótese de que em algumas pessoas esse sentimento sobreviveu à vida adulta, ele existiria lado a lado com o sentimento mais estrito do eu na maturidade. E a ideia que corresponderia a esse sentimento seria exatamente a de um vínculo ilimitado com o mundo, ou seja, aquilo que Romain Rolland chamou de "sentimento oceânico".

A partir desse ponto, Freud se volta para a questão da preservação na esfera psíquica e de saída defende a posição de que, via de regra, nada do que se formou no psiquismo deixa de existir. A variação, nesse caso, depende somente de *quanto* de uma atitude ou impulso permaneceu em seu formato original, enquanto outra parte dessa mesma atitude ou impulso sofreu um desenvolvimento ulterior. Essa primeira posição conduz à seguinte consequência: se tudo é de alguma forma preservado no psiquismo, é possível, em circunstâncias apropriadas, trazer esses elementos de volta à lembrança, desde que o órgão da mente não tenha sofrido nenhum tipo de lesão e esteja em boas condições.

Ainda assim, a prudência de Freud como cientista o leva a relativizar essa primeira posição e reconhecer a possibilidade de que algumas experiências psíquicas possam ser absorvidas ou mesmo esquecidas, em quadros normais ou patológicos, a ponto de não poderem ser resgatadas por nenhum meio. No entanto, a regra continua a ser a preservação do passado na mente, e não o contrário.

Voltando ao "sentimento oceânico", é, portanto, perfeitamente possível que ele exista em muitas pessoas, e sua origem reside na fase primitiva do eu que descrevemos anteriormente. A questão que surge nesse momento é saber se esse sentimento pode ser considerado de forma legítima a fonte do anseio pela religião.

A necessidade religiosa provém antes do sentimento de desamparo infantil que se estende, na vida adulta, ao medo que sentimos da figura do Destino. O sentimento oceânico seria uma tentativa de restaurar, de alguma forma, o narcisismo ilimitado do eu primitivo. Freud supõe que o sentimento oceânico só foi vinculado à religião posteriormente. A sensação de continuidade com todas as coisas que a expressão sugere parece ser uma primeira tentativa de consolação religiosa, como se tentasse minimizar o perigo que o mundo exterior representa para o eu, trazendo-o, de certa forma, de volta para dentro de si.

Freud afirma ter estado, na obra imediatamente anterior a essa — *O futuro de uma ilusão* —, menos interessado nas fontes do sentimento religioso do que na percepção que o homem comum tem dele. Como vimos, Freud considera infantil o sistema de crenças que explica todas as vicissitudes e todos os enigmas da vida, além de garantir que há uma

Providência velando sobre o futuro de todos, que ainda os compensará, numa outra vida, por quaisquer sofrimentos aqui experimentados. A Providência, aliás, é representada pela figura de um pai infinitamente "melhorado" em relação àquele que conhecemos, e se voltarmos à relação feita anteriormente entre o desamparo infantil e a necessidade de religião, concluiremos que não poderia ser diferente.

Nesse ponto, Freud dá mais uma de suas "estocadas" na filosofia — sobretudo na filosofia idealista —, ao criticar aqueles que, mesmo reconhecendo o que há de insustentável na religião, pretendem salvá-la substituindo Deus por um princípio metafísico por definição impessoal, obscuro e abstrato. Despir o Deus da religião de seus atributos mais afetivos, não chamá-lo, por exemplo, de "Deus pai", e sim de "Ser absoluto" (em Parmênides de Eleia, filósofo pré-socrático grego, por exemplo) ou "Ideia de Bem, brilhante como o sol" (em Platão), não seria prova menor de rebaixamento da inteligência e fraqueza de ânimo do que a daqueles que, ao esgotar seus argumentos a respeito da lógica inerente aos desígnios divinos, acabam por dizer, suspirando, que "Deus escreve certo por linhas tortas".

Só a religião do homem comum merece ser considerada como tal. Evocando a conhecida expressão de Goethe "Aquele que tem ciência e arte tem também religião: o que não tem nenhuma delas que tenha religião!", Freud propõe um caminho específico para avaliar as palavras do poeta.

E, assim, descarrega no texto toda a sua lucidez, que a ouvidos mais sensíveis pode soar como pessimismo puro e simples: a vida, nos moldes em que a conhecemos, é demasiadamente dura para nós; são muitos os sofrimentos que nos acometem, e a sensação de estarmos aquém das tarefas que precisamos executar não nos abandona. O único meio de suportá-la é usando medidas paliativas que nos aliviem e nos deem algum prazer. Freud sugere três qualidades dessas medidas: distrações eficientes, tais como a atividade científica, que nos fazem tirar algum proveito de nossa desgraça; satisfações substitutivas, tais como a arte, que a diminuem; e substâncias tóxicas, que a mantêm a distância de nós, ao menos enquanto duram seus efeitos. Em qual dessas qualidades podemos encaixar a religião?

Só a religião é capaz de resolver a questão do sentido da vida, e é pertinente supor que a própria ideia de a vida possuir um propósito nasce e morre com o sistema religioso. Diante disso, Freud decide se voltar para uma questão mais simples, a saber: o sentido que os homens em geral dão à existência. É fácil constatar que a felicidade constitui a meta da vida e que ela se divide em dois aspectos: a fuga do sofrimento e a experiência de intensas sensações de prazer. Em sentido estrito, consideramos "felicidade" somente o aspecto positivo do termo (em sua definição do propósito da vida e do lugar conferido ao prazer na obtenção da felicidade, Freud se aproxima do pensamento de Aristóteles em *Ética a Nicômaco*).

Em última instância, o que decide o propósito da vida é o programa do princípio do prazer, que impera no funcionamento do aparelho psíquico desde o início de seu desenvolvimento. Freud observa, de modo peremptório, quanto esse programa contraria as normas de todo mundo a sua volta, sob todos os aspectos, dos mais ínfimos aos mais gerais, e que é paradoxal que ele ainda assim mantenha sua eficácia.

A felicidade é vivenciada como a satisfação repentina e intensa de necessidades fortemente represadas, o que faz com que ela seja marcada, necessariamente, pelo caráter eventual e, mais ainda, que só seja percebida de fato como "felicidade" quando deriva de um contraste com a dor e o sofrimento. A felicidade "persistente" acaba por produzir em nós um prazer muito tênue.

Isto posto, é forçoso constatar que o primeiro obstáculo à felicidade reside em nossa própria constituição psíquica, ao passo que a infelicidade nos visita com muito mais frequência. A dor pode ter como origem o próprio corpo, com sua finitude e sua corruptibilidade; o mundo exterior, que pode se voltar contra nós com forças sobre as quais não temos o mínimo controle; e o relacionamento com outros seres humanos, fonte essa que se afigura mais penosa do que as duas primeiras, uma espécie de refinamento gratuito da cota de dor que já advém de todo o resto.

Não é à toa que a maioria das pessoas acaba por restringir bastante seu projeto de felicidade, assim como o princípio do prazer acaba se tornando um modesto princípio de realidade. Alimentamos a indústria de seguros, todos os tipos de seguros, por nos preocupar antes em escapar ao sofrimento do que em buscar a felicidade. Por outro lado, como veremos no próximo capítulo, no mundo contemporâneo há uma inversão no equilíbrio de forças entre princípio do prazer e princípio de realidade. A questão dos seguros que apontei se referiria ao paradoxo implícito nas demandas atuais apontadas por Bauman — como na expressão "sexo seguro", no qual o preservativo defenderia o sujeito não só das doenças, mas também do risco de se apaixonar — ou ao que o filósofo esloveno Slavoj Žižek chama de "hedonismo envergonhado", ao desfrute do prazer com rede de proteção.

As escolas de sabedoria secular proveem os homens de algumas "receitas" para encontrar a felicidade: procurar a satisfação irrestrita, o que logo conduz ao "efeito rebote" dessa mesma busca; procurar o isolamento voluntário ou a inserção na comunidade humana, tentando, com a ajuda da ciência, submeter a natureza às necessidades humanas. No entanto, conclui Freud, os meios mais interessantes quando se objetiva escapar do sofrimento são os intoxicantes, na medida em que, por um lado, provocam sensações agradáveis e, por outro, nos tornam insensíveis à dor. A favor dessa posição o autor observa que não só indivíduos, mas povos inteiros, deram às drogas um lugar importante na economia de sua libido. É justamente o poder que as drogas têm de criar um mundo mais confortável para o homem que as torna perigosas, já que seu uso pode desviar uma boa cota de energia necessária ao trabalho da civilização.

Outra maneira eficaz de evitar o sofrimento é procurar agir sobre o próprio aparelho psíquico, que pela complexidade de sua estrutura admite um grande número de influências. Pode-se tentar, como os orientais, aniquilar as pulsões e encontrar a felicidade da quietude ou, mais modestamente, simplesmente controlar a vida pulsional. É certo que no segundo caso as possibilidades de satisfação são, elas próprias, modestas, já que os elementos capazes de "domar" as pulsões são os agentes psíquicos superiores, alinhados ao programa do princípio de realidade, e não à satisfação "selvagem" de impulsos "livres".

Mas a técnica mais poderosa no sentido de evitar a dor reside na sublimação das pulsões, verdadeira "rasteira" na ameaça de frustração oriunda do mundo exterior. Só se consegue esse feito graças à plasticidade própria do aparelho psíquico. Arranca-se o máximo de suas possibilidades ao intensificar a produção de prazer a partir das fontes do trabalho psíquico e intelectual. A alegria do artista em criar ou a do cientista em resolver um problema são exemplos de sublimação das pulsões e contêm uma qualidade especial que um dia, afirma Freud, talvez possa ser caracterizada em termos metapsicológicos. Apesar de seu enorme valor, deve-se reconhecer que a intensidade desse tipo de prazer ainda é tênue se comparada àquela provocada pela satisfação de impulsos mais primários. Dito de modo direto, a sublimação não convulsiona o corpo (a carne). E, além disso, não se trata de algo que esteja ao alcance de todos; ao contrário, apenas um número restrito de pessoas, dotadas de uma especial constituição, pode fazer uso desse recurso psíquico. Mesmo os poucos que dele dispõem não estão blindados contra o destino e geralmente perdem a capacidade de sublimar quando a fonte do sofrimento tem origem no próprio corpo da pessoa. Depois de ressaltar o poder da imaginação e da arte como fontes de consolo para o sofrimento inerente à vida, Freud volta à carga contra a religião ao classificá-la como uma recriação delirante da realidade compartilhada por um grande número de pessoas.

Outra técnica para se proteger do sofrimento e alcançar a felicidade, agora de maneira mais ativa e positiva do que nos outros exemplos mencionados, é a arte de viver baseada no amor. O amor sexual, como se sabe, proporciona a mais intensa sensação de prazer. É bastante compreensível que essa experiência se torne o protótipo da felicidade e seja buscada pela maioria das pessoas. O que faz então com que muitos desistam dessa técnica de viver, já que ela promete tantas e tão intensas alegrias? Nesse caso, é justamente a intensidade da dor que nos ameaça em caso de perda do objeto amado, seja por morte seja por abandono. A força do amor como fonte de felicidade tem como avesso o radical desamparo, a vulnerabilidade que experimentamos em relação ao objeto amado, a dependência do outro que tanto nos faz sofrer em sua ausência.

Outro modo possível de se consolar na vida diz respeito à fruição da beleza em todas as suas formas. A experiência estética possui características levemente intoxicantes e, embora pouco se possa dizer acerca de sua origem e natureza, seja no próprio campo da estética seja no da psicanálise, Freud considera certa sua vinculação com o campo do sentimento sexual.

A felicidade é, em última instância, um problema da economia da libido de cada um, de modo que não há receita que seja universalmente aplicável. Uns dão mais valor à meta de autoconservação, de evitar o sofrimento, enquanto outros decidem procurar o prazer mais ativamente. Nenhum caminho é infalível e livre de frustrações. Tudo depende do quanto de satisfação se consegue obter no mundo ao redor; do quanto de força se dispõe para modificá-lo, de modo a fazê-lo se enquadrar nos nossos desejos. Em tudo isso é preciso sempre levar em conta a constituição psíquica disposta pela natureza, independentemente das circunstâncias particulares que envolvem a vida de cada um. O narcisista tentará se satisfazer consigo mesmo, apostando na autossuficiência; o homem de ação precisará de desafios do mundo externo para testar suas forças. Enfim, cada um deverá adaptar sua natureza ao meio exterior de modo a tornar possível a obtenção de prazer. Uma pessoa de constituição desfavorável, por outro lado, terá dificuldades de se adaptar ao mundo externo, sobretudo se enfrentar situações difíceis.

Seja como for, o problema da religião — não nos esqueçamos de que esse ainda é o assunto do texto no momento — é reduzir essas possibilidades de escolha e adaptação singulares, impondo a todos um único remédio para ser feliz e evitar a dor. Segundo Freud, tanto a depreciação do valor da vida quanto a deformação do mundo real operadas pela religião só podem ser bem-sucedidas se houver, antes, uma inibição, um rebaixamento da inteligência. Desse modo, poupa-se ao indivíduo o caminho da neurose individual, oferecendo-lhe, em troca, uma espécie de "delírio de massa" e a estagnação num estágio infantil de desenvolvimento psíquico. E como não há, de fato, nem na religião, receita infalível para a felicidade, o crente acaba por ceder, em momentos difíceis, a justificativas do tipo "Deus escreve certo por linhas tortas", remetendo tudo aos insondáveis desígnios de Deus. Se no final só resta ao crente a submissão mais radical a Deus, talvez ele pudesse ter passado muito bem sem Ele...

Freud admite a dificuldade de se dizer algo realmente novo a respeito da felicidade. Retoma então sua indicação das três fontes principais das quais o sofrimento humano provém: o poder superior da natureza, a fragilidade dos corpos e a inadequação das regras feitas para regular a convivência humana na família, no Estado e na sociedade. Quanto às duas primeiras fontes, não há muito o que dizer, posto que são da ordem do imponderável, mas apesar disso elas nos dão uma direção para a ação que minimiza o sofrimento até onde isso é possível. Tentamos evitar ou amortecer os golpes que advêm tanto da natureza quanto do próprio corpo, por exemplo, com a ajuda da ciência.

Já a terceira fonte nos causa não só sofrimento como pasmo: por que os regulamentos estabelecidos pela própria humanidade não são eficazes no sentido de atender aos seus anseios? Examinando friamente esse problema, somos obrigados a desconfiar que haja aí algo da ordem do ineducável na própria constituição psíquica dos seres humanos. Isso conduz ao argumento, considerado surpreendente por Freud, de que a civilização seria a maior responsável pelo infortúnio dos homens, que talvez fossem mais felizes se voltassem aos tempos primitivos. O paradoxo contido nesse pensamento reside no fato de que a própria civilização construiu coisas que protegem as pessoas do sofrimento.

Cabe perguntar, então, de onde vem a atitude hostil para com a civilização. Examinando a história, Freud identifica na vitória do cristianismo sobre as religiões pagãs um primeiro sinal de condenação, ligado à desvalorização da vida terrena por essa religião. Outro acontecimento digno de nota foram as grandes navegações, que possibilitaram o contato com povos primitivos que, à primeira vista, levariam uma vida mais simples e mais feliz do que a dos europeus. Outro fato decisivo foi a descoberta do mecanismo das neuroses, que revelam a frustração que certas pessoas sentem diante da submissão aos sacrifícios que a sociedade impõe como condição para a realização de seus mais altos objetivos culturais.

Acrescente-se a isso o desapontamento diante da "faca de dois gumes" que representa o desenvolvimento das técnicas e das ciências. O controle sobre a natureza não constitui, de fato, a única preecondição da felicidade humana e, por isso, não pode ser o único objetivo do esforço cultural. O telefone, por exemplo, reduz as distâncias que são *criadas* pelo desenvolvimento dos transportes, sem os quais ele seria um objeto inútil. Por essas e outras é que se torna difícil formar uma opinião a respeito do grau de felicidade em que viveram pessoas de outras épocas. Não é possível, a rigor, colocar-se *no lugar* do outro de modo a descobrir o papel que as condições culturais desempenharam nesse sentido.

Freud conceitua o termo *Kultur* como o conjunto de realizações e regulamentos que distinguem a vida do homem da de seus antepassados animais; conjunto que o auxilia a se proteger da natureza e a coordenar seus relacionamentos mútuos. Reconhecemos como uma conquista cultural, por exemplo, a ampliação do poder dos órgãos humanos por meio do uso de instrumentos. Junto a essa conquista, os primeiros atos civilizatórios foram o manejo do fogo e a construção de habitações. Em tempos imemoriais, os homens criaram deuses que encarnavam seu ideal de onipotência e onisciência, deuses capazes de realizar tudo aquilo que era vedado aos homens. Freud afirma que em seu tempo os homens se aproximaram bastante desse ideal divino por meio do desenvolvimento científico, a ponto de poder ser chamados de deuses "de prótese". Os órgãos auxiliares inventados pelo homem para engrandecer seu poder, no entanto, têm o defeito de não ter nascido nele e, por isso, podem causar problemas ao corpo ao qual tentam servir. Apesar de a civilização ainda prometer grandes feitos, é importante examinar por que o homem não se sente feliz nesse momento em que é, de certa forma, semelhante a Deus.

Além das conquistas técnicas que servem à exploração da Terra pelo homem, tais como a irrigação e o incremento dos meios de comunicação, há uma outra coisa, não lucrativa nem útil, que esperamos da cultura: a beleza. Para além da funcionalidade, esperamos dos objetos que eles sejam ornamentados. Junto a isso, criamos a expectativa de encontrar o asseio e a ordem à nossa volta. Sujeira (inclusive a do corpo) e cultura se afiguram incompatíveis. O sabão serviria como uma espécie de termômetro do grau de civilidade.

A ordem e a limpeza, no entanto, se restringem às obras humanas; não se espera que a natureza seja limpa, embora a noção de ordem tenha sido fornecida por ela. A regularidade do movimento dos astros e a alternância das estações inspiraram o homem a introduzir a ordem em seu cotidiano. Espécie de compulsão à repetição, ela funciona da seguinte maneira: uma vez estabelecido um regulamento, o homem se poupa do trabalho de inventar ou descobrir quando, onde e como uma determinada atividade deve ser desenvolvida, repetindo a mesma ação em todas as circunstâncias semelhantes. É incontestável o fato de que a ordem otimiza o uso do tempo e do espaço, além de poupar as forças psíquicas. Por isso, Freud se surpreende ao verificar que o homem, em vez de aderir espontaneamente à ordem, tenha de ser constantemente treinado a mantê-la.

Beleza, limpeza e ordem ocupam, portanto, uma posição importante na civilização, embora não tão fundamental quanto o controle das forças da natureza. Nada, no entanto, parece caracterizar melhor a civilização do que as elevadas atividades mentais do homem, sejam elas intelectuais, científicas ou artísticas, e o valor atribuído às ideias na vida humana. Entre essas ideias encontram-se, em primeiro lugar, os sistemas religiosos, em seguida as especulações da filosofia e, por último, o que se poderia chamar de "ideais" — os parâmetros de uma possível perfeição dos indivíduos ou da humanidade. Freud supõe que a busca da utilidade e do prazer como força motivadora das atividades humanas, em geral, também explica essas manifestações da cultura, embora isso só seja facilmente visível nas ciências e nas artes. Não se pode duvidar de que haja fortes necessidades anímicas correspondentes à religião, à filosofia e aos ideais. Não se deve perder de vista o fato de que, para o bem ou para o mal, elas são sempre indício de um alto nível de civilização.

O último aspecto da civilização avaliado por Freud é o modo como os homens regulam seus relacionamentos sociais. A vida em comunidade só é possível quando uma maioria mais forte do que um indivíduo singular garante uma ordem superior a todos os indivíduos isolados. O poder da comunidade se torna assim um "direito" que substitui o poder do indivíduo, há uma concessão de parcela da individualidade em nome da segurança comum. Na tentativa de evitar a lei do mais forte, o desenvolvimento cultural culmina no estabelecimento de um "estatuto legal" para o qual todos contribuíram com uma certa cota de sacrifício pulsional. Sob essa chancela, todos estão a salvo da força bruta, com exceção daqueles, segundo Freud, que se mostram incapazes de ingressar numa comunidade. Vimos no primeiro capítulo como Freud desenvolve essa ideia em *Totem e tabu*, criando para esse fim um mito em que o assassinato do pai e a culpa subsequente dos filhos exercem um papel fundamental.

A liberdade não foi uma dádiva concedida pela civilização; ao contrário, foi maior antes dela, embora outrora o homem não a valorizasse tanto por não dispor dos meios para defendê-la. A cultura impõe restrições à liberdade individual e a justiça exige que ninguém fuja a elas. O que é percebido como desejo de liberdade em uma comunidade pode ser uma revolta contra alguma injustiça e, assim, permanecer favorável e compatível com a civilização, ou originar-se de resquícios da personalidade primitiva do homem, ainda não domados pela cultura. Nesse último caso, esse desejo de liberdade pode se tornar a base da hostilidade à civilização.

O homem sempre opõe sua liberdade individual à vontade do grupo, e isso explica grande parte das lutas da humanidade: elas buscam uma conciliação entre as reivindicações do indivíduo e as reivindicações culturais do grupo. Uma das grandes questões colocadas por Freud, e que tem desafiado quase todos os filósofos da ética e da política, é a seguinte: A conciliação entre interesses individuais e coletivos é possível por alguma via civilizatória específica ou esse é um conflito insolúvel?

Freud destaca o fato de não ter tratado a cultura como sinônimo de aperfeiçoamento, apresentando uma perspectiva diferente sobre o tema. O desenvolvimento da civilização é um processo peculiar que provoca modificações nas disposições pulsionais habituais dos homens, com o objetivo de satisfazer a tarefa econômica de suas vidas. Algumas dessas pulsões são empregadas de modo tal que, em seu lugar, aparece o que descrevemos como um traço de caráter. Além do erotismo anal, por exemplo, outras pulsões são induzidas a deslocar suas condições de satisfação. Na maior parte das vezes, esse processo coincide com o da sublimação dos fins pulsionais, sobre os quais já se falou anteriormente; noutras, pode se diferenciar dele.

A sublimação é um sinal evidente do desenvolvimento cultural, que possibilita a realização das atividades psíquicas mais altas. Por isso, é impossível não reconhecer quanto a cultura é construída sobre a renúncia às pulsões, quanto ela se vale precisamente de sua não satisfação, seja pela opressão, pela repressão, seja por outro meio. E é essa a "frustração cultural" que domina a todos. Não é fácil explicar essa privação de satisfação da pulsão. Freud adverte que caso essa perda não seja economicamente compensada, ocorrerão sérios distúrbios.

Para avaliar a opinião de que o desenvolvimento da civilização constitui um processo comparável à maturação normal do indivíduo, é preciso examinar as origens e o curso do desenvolvimento da civilização. Freud apresenta, então, suas conjecturas acerca da fundação da família. Esse "mito freudiano" se resume no reconhecimento, por parte do homem primitivo, da necessidade de cooperar com outro homem para garantir sua própria sobrevivência. Outro fato relevante, no sentido de conduzir o homem a querer conservar uma mulher junto de si, teria sido a persistência da necessidade de satisfação genital. Por parte da mulher, essa união se justificaria pela necessidade de manter seus filhos sob a proteção de um macho mais forte. Em relação a esse ponto, Freud escreve uma longa nota, na qual especula que a persistência da necessidade de satisfação teria a ver com a substituição do primado dos estímulos olfativos sobre a excitação sexual pelos estímulos visuais, mais constantes por não dependerem do ciclo menstrual da mulher. Tal substituição teria sido causada, em última instância, pela adoção da postura ereta e pela consequente vergonha diante da clara visão dos órgãos sexuais. Todo o cuidado da cultura civilizada de disfarçar os odores dos órgãos sexuais e a repulsa generalizada dos adultos em relação aos excrementos seriam consequências desse mesmo fato.

Remetendo a *Totem e tabu*, Freud relembra o caráter absoluto do poder do pai na família primitiva e a descrição da passagem desse tipo de família à vida comunal e fraterna, ressaltando o duplo fundamento dessa nova ordem: a obrigação de trabalhar, provocada pela necessidade de sobreviver, e o poder do amor, que teria impelido o homem a conservar a mulher junto de si, e esta, a conservar seu filho consigo. Amor e necessidade (*Eros e Ananké*) seriam, assim, os pais da civilização humana, capazes, num primeiro momento, de unir os homens em comunidades cada vez maiores e, ao mesmo tempo, de ampliar seu poder sobre a natureza. Por que a civilização não tornou então os homens progressivamente mais felizes?

Antes de responder a essa questão, Freud retoma um raciocínio iniciado anteriormente. Se o amor sexual aparece como o protótipo da satisfação e da felicidade, por que não baseamos a vida em sua busca? O mestre de Viena já havia alertado antes que a desvantagem do amor sexual como técnica de obtenção da felicidade consiste justamente no fato de que, aí, todo o prazer é "pago" com um aumento proporcional da vulnerabilidade em relação ao objeto amado (essa seria a razão por que sábios de várias épocas e procedências condenam esse tipo de amor como modo de vida). No entanto, uma minoria de pessoas, graças a sua peculiar constituição, consegue ser bem-sucedida nessa via, contanto que tenha conseguido operar fortes modificações mentais em relação à função do amor. Em primeiro lugar, tais pessoas deslocam o que há de mais precioso num determinado objeto de amor para o ato de amar, ao mesmo tempo em que se tornam independentes da reciprocidade, ampliando o escopo de seu afeto, de um objeto isolado para toda a humanidade. Seu instinto se torna assim um impulso inibido em sua finalidade, ou seja, um impulso que escapa das oscilações e frustrações do amor genital, garantindo para si um estado constante e afetuoso — embora, na verdade, derive do mesmo impulso que alimenta o amor sexual. São Francisco de Assis pode ilustrar perfeitamente esse tipo de utilização do amor, e Freud menciona justamente um santo da Igreja para introduzir a questão de que a ética cristã considera o amor "altruísta" — dirigido ao mesmo tempo a toda a humanidade e a ninguém em particular — o ápice da virtude. E objeta que, do seu ponto de vista, um amor que não discrimina perde parte de seu valor; além disso, nem todos os homens são dignos de amor.

O amor — nome genérico dado tanto ao amor genital entre homem e mulher quanto aos sentimentos envolvidos na relação entre parentes consanguíneos — é sempre em sua origem amor sensual, mesmo quando se realiza como "amor inibido em sua finalidade" ou "afeição". Esse ponto já havia sido adiantado, como vimos, no pós-escrito à *Psicologia das massas e análise do eu*, quando Freud escreve sobre o tipo de vínculo afetivo que mantém a coesão do grupo. Voltando a *O mal-estar na civilização*, o objetivo do amor é ampliar o laço entre as pessoas e criar novos vínculos com indivíduos estranhos à família de origem. O que denominamos "amizade" tem, por assim dizer, a vantagem cultural de unir as pessoas sem cair em algumas limitações do amor genital, como a exclusividade, por exemplo. Com o passar do tempo, no entanto, o amor passa a ter uma relação ambígua com a civilização: por um lado, se opõe a seus interesses, por outro, ameaça-o com restrições importantes. A família, quanto mais unida no amor, mais resistente será a deixar que seus membros se liguem a um círculo mais amplo. Separar-se da família é uma tarefa árdua para a juventude, razão pela qual a sociedade a ajuda, criando ritos de puberdade.

As mulheres, apesar de ter estabelecido os fundamentos da cultura a partir dos interesses do amor, são um obstáculo à civilização, pondo sempre à frente das tarefas exigidas por esta os interesses da família e da vida sexual. Expressando um ponto de vista marcado pela cultura de seus dias, Freud condena as mulheres pela incapacidade de realizar as sublimações necessárias ao trabalho civilizatório. Considerando a limitação da quantidade de libido no homem, o resultado de seu empenho na cultura acaba gerando um certo descuido da família, razão pela qual as mulheres se revoltariam contra a cultura.

A psicanalista Silvia Alexim Nunes destaca que essa crítica de Freud às mulheres se refere ao comportamento feminino considerado ideal no modelo familiar burguês,[32] no qual a mulher deveria manter sua vida restrita ao ambiente doméstico e limitar suas possibilidades de satisfação às relações com o marido e os filhos. Não deve ser digno de espanto, nesse contexto, o fato de que as mulheres oprimissem os filhos e o marido com pesadas exigências de amor e atenção. Sem desfrutar de convívio social, de atividades intelectuais ou produtivas, o que mais restaria à mulher, como fonte de prazer, além do sexo e da maternidade?

A tendência da civilização a restringir a vida sexual começa na fase totêmica com a proibição do incesto, "talvez a mais radical mutilação que a vida amorosa humana experimentou ao longo das épocas".[33] Dado que o trabalho da civilização retira energia da sexualidade, desde cedo se observa, na educação das crianças, a aplicação de uma série de medidas profiláticas no sentido de evitar que essa energia se disperse em outras direções.

Nós, leitores, devemos mais uma vez ter em mente o contexto histórico[34] quando lemos a afirmação freudiana de que ao indivíduo sexualmente maduro é indicado o caminho da heterossexualidade, da legitimidade e da monogamia. A civilização restringe a vida sexual a um certo tipo de

---

[32] Silvia Alexim Nunes, *O corpo do diabo entre a cruz e a caldeirinha*, p. 165.

[33] *O mal-estar na cultura*, p. 112.

[34] Ver o resumo de "Moral sexual civilizada e doença nervosa moderna" no primeiro capítulo deste livro.

relação, o casamento indissolúvel, e a um tipo de satisfação, a genital (todos os outros tipos são proscritos na rubrica de perversões), condenando a sexualidade como fonte de prazer em si. Reconhecendo a dificuldade de impor esse modelo a todos, a própria civilização fecha os olhos àqueles que procuram escapar dessas restrições. Freud observa que há, em seus dias, um processo semelhante a uma involução da função sexual. E se pergunta se isso acontece somente pela pressão da civilização ou se há algo inerente à função sexual que se esquiva à satisfação completa. Essa, aliás, é mais uma das questões que Freud deixará em aberto no livro e à qual até hoje se tenta responder.

Freud observa que o trabalho psicanalítico revelou que as frustrações da vida sexual são precisamente aquelas que as pessoas neuróticas não podem suportar, razão pela qual criam, por meio de seus sintomas, satisfações substitutivas para si mesmas. Os gestos repetidos à exaustão pelos obsessivos, como lavar as mãos, por exemplo, apesar de todo o incômodo, acabam por aplacar um sentimento de culpa ainda mais desconfortável. Algumas fobias, por sua vez, também operam a função importante de delimitar a alguma circunstância específica — a espaços abertos, por exemplo — um medo que é sentido interiormente como ilimitado. É claro que esses sintomas causam sofrimentos, seja por si mesmos, seja pelas dificuldades de relacionamento que criam.

No entanto, as restrições da vida sexual não são o único sacrifício que a civilização exige. Na tentativa de avançar na compreensão da tensão entre cultura e sexualidade, Freud procede ao exame das exigências ideais da cultura. A primeira delas — segundo ele mais antiga do que o cristianismo, embora geralmente a ele associada — se expressa no mandamento "Amarás a teu próximo como a ti mesmo".

Essa máxima demanda muito mais do que seria razoável demandar das pessoas. Se a examinarmos como se a estivéssemos ouvindo pela primeira vez, será necessário colocar as seguintes questões: Por que agir desse modo? Que bem isso trará? Como tornar o mandamento efetivo? Afinal de contas, para amar alguém é preciso que essa pessoa mereça esse amor de alguma forma. Só amamos uma pessoa se identificarmos nela algo que reconhecemos existir em nós mesmos ou se a considerarmos de tal modo mais perfeita que acabamos por amar nela o ideal de nosso próprio eu. Podemos amar o filho de um amigo porque se algo acontecesse à criança o sofrimento do amigo seria compartilhado por nós. Para Freud não só é difícil como também injusto amar um estranho, afinal o amor é um sinal de distinção, que separa amigos e parentes dos outros que estão ao redor. Amá-lo como a um habitante da Terra, como uma minhoca ou um inseto, não significaria grande coisa.

Em geral, a pessoa estranha não só é indigna de ser amada como nos trata mal de acordo com sua conveniência. Por isso, pode-se dizer que ela é antes merecedora de hostilidade ou ódio do que de amor. Para Freud, esse mandamento só faria sentido mediante uma sutil modificação: "Amarás o teu próximo como o teu próximo te ama."[35]

---

[35] *O mal-estar na cultura*, p. 122.

O pai da psicanálise critica a ética por reforçar exigências ideais que, por sua dificuldade de ser realizadas e por desprezar as diferenças constitucionais entre os homens, acabam por incentivar o ser mau. Essa é, provavelmente, a interrogação mais instigante que a psicanálise coloca ao campo da ética em geral e deriva da posição cautelosa mantida por Freud, ao longo de todo o seu percurso, em relação às questões morais (voltarei a esse ponto no terceiro capítulo). Desde Sócrates, a virtude moral é associada ao conhecimento do Bem, o que a torna, então, uma meta que pode ser alcançada por meio do exercício racional. Aristóteles reforça essa ideia na *Ética a Nicômaco*, ao dizer que o homem pode ser educado para a virtude na medida em que ele não nasce excelente nem deixa de possuir a capacidade de se tornar excelente do ponto de vista da conduta.

Freud mostra em *O mal-estar na civilização*, bem como em outros escritos, o quanto a simples expectativa de se tornar virtuoso pode ser danosa a determinadas constituições psíquicas, provocando, antes, um comportamento desviante em relação às regras sociais ou causando sofrimento para a própria pessoa e seu círculo mais próximo. Assim, Freud vai a fundo na discussão metafísica das ideias morais na ética, mostrando como existem entraves psíquicos inconscientes que não podem ser simplesmente removidos com exercícios racionais.

Voltando aos sacrifícios impostos pela civilização, Freud afirma que é preciso levar em conta a existência, entre os dotes pulsionais do homem, de uma alta dose de agressividade. Eles não atacam somente quando são atacados, não são criaturas gentis *a priori*. O "próximo" não representa somente um ajudante em potencial ou um objeto sexual, mas também alguém que pode servir como escoadouro da agressividade, da capacidade de exploração e de humilhação. Hobbes talvez tenha razão ao dizer que o homem é o lobo do homem. E qualquer um que lance um olhar frio sobre as atrocidades cometidas ao longo da história humana — desde as cruzadas até a Primeira Guerra Mundial, a que Freud assistiu — é obrigado a concordar com isso.

Freud critica os comunistas por creditarem os males da civilização, sobretudo a exploração e a violência, à existência da propriedade privada. Embora não pretenda fazer uma crítica econômica do comunismo e reconheça que a propriedade serve como instrumento ao escoamento da agressão entre os homens, para Freud o erro consiste em julgar que com a abolição da propriedade os homens se revelariam bons, dóceis e cooperativos uns com os outros. A agressividade não foi criada pela propriedade, já existia nos tempos primitivos, quando esta era escassa. Em nota importante, Freud se defende da possível acusação de arrogância diante dos esforços para combater a desigualdade, remetendo à sua própria juventude, quando experimentou na pele as dificuldades da pobreza e a indiferença dos abastados. Nesse ponto, afirma categoricamente que a agressividade constitui a base de toda relação de afeto e amor entre as pessoas, com exceção, talvez, da relação da mãe com seu filho homem.

A dificuldade de abrir mão da inclinação para a agressão explicaria a existência do que Freud batizou de "narcisismo das pequenas diferenças",[36] que consiste nas rixas entre habitantes de comunidades próximas e aparentadas sob vários aspectos: portugueses e espanhóis, alemães do sul e alemães do norte, entre paulistas e cariocas ou brasileiros e argentinos... Esse fenômeno permite uma satisfação adequada e relativamente inocente da inclinação à agressão, ao mesmo tempo em que fortalece os laços intracomunitários. Os judeus, nesse sentido, sempre serviram de bodes expiatórios para justificar os problemas das diversas comunidades e civilizações com as quais entraram em contato. Mesmo o proselitismo cristão não evitou a extrema intolerância com que foram tratados os gentios.

Freud retoma todo o desenvolvimento da teoria das pulsões para afirmar que "a cultura é um processo a serviço de Eros, que deseja reunir indivíduos humanos isolados, depois famílias, então tribos, povos e nações em uma grande unidade, a humanidade".[37] A mera necessidade de trabalhar juntos para sobreviver não seria capaz de manter os homens unidos; Eros seria a única liga capaz de mantê-los em um programa de vida comum. O ponto principal da tese de Freud, que nesse momento se vale do conceito de pulsão de morte, é que esse impulso hostil, que se dirige para a destruição indiscriminada, é o maior obstáculo à consecução do programa da civilização. A civilização evolui sempre, portanto, na luta entre Eros e a Morte, entre as pulsões de vida e a de destruição que se encontram presentes na espécie humana. Civilizar é lutar pela vida, apesar da

---

[36] Op. cit., p. 129.
[37] Op. cit., p. 141.

presença constante e ameaçadora do instinto de agressão que busca a morte.

Freud reconhece o quanto o surgimento da noção de pulsão de morte foi impactante para a teoria psicanalítica e o quanto de resistências essa ideia enfrentou por conta de sua natureza, ou seja, pelo fato de trazer à baila uma visão do homem como não totalmente "bom". Nesse sentido, a psicanálise se afasta tanto de uma visão filosófica metafísica e tradicional (Sócrates e os racionalistas, que mantiveram a orientação básica de seu pensamento) quanto da visão cristã, que coloca o homem como fraco mas inocente, no fundo. Afinal, se Deus criou o homem à sua imagem e perfeição, é no mínimo desagradável conciliar essa ideia com a da inegável existência do mal. Bem, mas há o demônio para servir de solução para o impasse. Freud compara o papel de descarga econômica desempenhado pelo demônio no cristianismo ao papel do judeu no mundo do ideal ariano.

Para os primeiros filósofos gregos do período clássico, a maldade do homem se situava ao lado da ignorância, seria um desconhecimento do bem e, por isso, passível de ser "curada" com saber. Isso não deixa de nos conduzir à questão, à qual voltarei no final do livro, de saber se o tratamento analítico não seria uma forma não de eliminação da pulsão de morte, que Freud afirma ser impossível, mas de amortecimento de seus efeitos deletérios, de "canalização" de sua energia, tão poderosa na destruição, para vias mais construtivas. Vimos na carta a Einstein o esforço de Freud para responder a essa pergunta. Talvez em nenhum outro item da teoria Freud se aproxime tanto do pensamento de

Nietzsche quanto na afirmação da existência da pulsão de morte, embora insista em um dualismo de que o filósofo abre mão ao postular a existência da vontade de poder.

Mas antes de irmos tão longe, voltemo-nos brevemente para a recapitulação da teoria das pulsões. Em sua primeira versão, Freud parte da afirmação de Schiller de que a fome e o amor movem o mundo. A fome representaria as forças de autoconservação, ao passo que o amor se voltaria para os objetos visando, em última instância, à preservação da espécie. No primeiro momento da teoria, portanto, pulsões do eu e pulsões objetais se confrontariam mutuamente, e o termo "libido" foi aí introduzido para denominar a energia desses últimos.

Freud destaca a importância do conceito de narcisismo para o avanço da teoria, a ideia de que o eu se acha ocupado pela libido, de que ele é de fato seu lugar de origem e sua morada. A libido narcísica pode se voltar para os objetos, transformando-se em libido objetal, e deles retornar voltando a ser libido narcísica. Mesmo parecendo inevitável a conclusão, a partir desse passo, de que a libido coincidiria com a energia pulsional em geral, Freud apostou em sua intuição de que as pulsões não poderiam pertencer todas a um mesmo tipo.

Em *Além do princípio do prazer*,[38] de 1920, Freud se dedica à observação da compulsão à repetição e da tendência conservadora da vida, usando como material privilegiado as brincadeiras das crianças e os sonhos traumáticos, nos

---

[38] Cf. *Além do princípio do prazer — Um dualismo incontornável*, de Oswaldo Giacoia Junior, publicado nesta coleção.

quais o sujeito repete, insistentemente, a cena causadora do trauma. Juntando a isso especulações sobre o começo da vida e paralelos biológicos, conduz à conclusão de que existe uma pulsão concorrente a Eros que busca desfazer as unidades da substância viva (unidas por ele), levando-as de volta ao seu estado inorgânico. Os acontecimentos da vida poderiam, então, ser explicados por meio da relação entre essas duas forças.

Enquanto Eros se manifesta de maneira mais explícita, seria possível supor, embora sem prová-lo, que a pulsão de morte atuaria de modo silencioso no interior do organismo. Mais interessante seria imaginar que uma parte dessa pulsão seria desviada para o mundo externo, aparecendo sob a forma de agressividade e destrutividade contra outrem, animado ou não, e não contra o próprio eu. Se, ao contrário, essa externalização da pulsão fosse reprimida, o eu sofreria no sentido da autodestruição (que, sublinha Freud, persiste). Talvez Eros e pulsão de morte jamais apareçam de modo puro, e sim sempre mesclados em diferentes proporções. No sadismo e também no masoquismo, por exemplo, encontra-se um vínculo forte entre os dois tipos de pulsão, entre o erotismo e a destrutividade (vínculo que, aliás, está presente também em relações não "patológicas", na medida em que o erotismo depende de uma certa vontade de dominar e possuir o objeto em questão).

O fenômeno do sadismo permite perceber de maneira privilegiada a presença da pulsão de morte associada ao impulso erótico, deformando-o e satisfazendo-o ao mesmo tempo. Mesmo desligada do erotismo, manifestando-se como pura e cega destrutividade, é inegável que a satisfação da pulsão se faz acompanhar de uma imensa vivência narcísica, propiciando ao eu a satisfação de antigos desejos de onipotência. Quando contida em certos limites e inibida em sua finalidade, a pulsão de destruição pode, ao voltar-se para o mundo externo, realizar o trabalho necessário de permitir ao eu o controle sobre a natureza e a satisfação de suas necessidades básicas.

Embora reconheça que a postulação da existência da pulsão de morte se apoia sobretudo em fundamentos teóricos e, por isso mesmo, não se acha imune a objeções, Freud considera essa ideia coerente com o que a psicanálise pôde descobrir até então. Resumindo, há no homem uma disposição inata e insistente para a destruição e nela reside o maior obstáculo à civilização.

Após ter examinado as estratégias da cultura para conter a agressividade (ideais éticos), Freud se volta para aquela que, segundo ele, parece ser a mais relevante e que se encontra na história do desenvolvimento do indivíduo. A agressividade é contida ao ser internalizada, ao voltar-se para o lugar de onde proveio, ou seja, o eu. Aí, essa agressividade é assumida por uma parte do eu que se coloca contra ele mesmo: a essa instância se dá o nome de supereu, que na forma de "consciência" descarrega sobre o eu a fúria que originalmente teria sido dirigida a estranhos. O fruto da tensão entre eu e supereu é o sentimento de culpa, que se expressa como uma necessidade de punição. "Todo alemão nasce com um policial dentro dele", conforme escreve Marcelo Backes,[39] apenas constata um "comportamento" que

---

[39] Ver M. Backes, *maisquememória*, p. 34.

não por acaso se mostra dominante na cultura em que Freud nasceu e foi criado e, ademais, expressa bem o significado do supereu para o sujeito. Vimos no primeiro capítulo deste volume, no comentário a *Psicologia das massas e análise do eu* e a *O ego e o id*, a descrição da noção de "ideal do eu", equivalente à noção de supereu, que, no entanto, vai sendo abandonada como termo técnico ao longo da obra de Freud.

Ao apontar a equivalência, em relação ao sentimento de culpa, entre intenção e ato, Freud se pergunta de que modo se chegou a isso. Para estabelecê-la foi preciso, antes, reconhecer o mal como algo que não deve ser feito. Em seguida é rejeitada a existência, no homem, de uma capacidade inata, natural ou mesmo racional de distinguir o bom do mau no sentido a eles atribuído pela tradição metafísica. Contrariamente à abordagem que dota de significado preciso os valores de Bem e de Mal, um e outro são localizados no aparelho psíquico do homem.

Para o cristão, por exemplo, o Bem é definido de acordo com os Evangelhos. O bom é perdoar, não cometer violências, dar a outra face, amar o próximo como a si mesmo, mandamentos que Freud desmontará pouco a pouco para, enfim, demonstrar a impossibilidade de sua realização: "Com frequência, o mal não é de modo algum aquilo que é prejudicial ou perigoso para o eu, mas, ao contrário, também algo que ele deseja e lhe dá prazer."[40] Para justificar-se, o autor escreve que mau é tudo o que nos ameaça a partir da perda do amor.

---

[40] S. Freud, *O mal-estar na cultura*, p. 145.

O desamparo e a dependência em que nos encontramos em relação aos outros é aquilo que Freud designa medo da perda do amor. É essa a verdadeira bússola que nos leva a distinguir, em uma perspectiva que se afasta da consideração da existência dos valores em si, o que é bom do que é mau. Ao perder o amor de uma pessoa da qual somos dependentes (e, em última instância, dependemos de todas as pessoas que amamos), perdemos sua proteção e ainda ficamos expostos a punições. Mau é, assim, aquilo que se deve evitar por medo da perda do amor. É por isso que, do ponto de vista psíquico, pouca diferença há entre ter de fato cometido uma maldade ou ter tido somente a intenção de fazê-lo: a ameaça que paira sobre o sujeito é a mesma, em ambos os casos, a de que a autoridade o descubra.

Esse estágio do sentimento de culpa é, portanto, basicamente o medo da perda do amor, uma ansiedade "social". Nas crianças, ele é claramente observável, e mesmo em muitos adultos ele só é ultrapassado quando a sociedade passa a ocupar, do ponto de vista da autoridade, o lugar dos pais. Consequentemente, tais pessoas se permitem fazer qualquer coisa má, contanto que lhes proporcione prazer, e o único sentimento que guardam em relação a isso é o medo de ser descobertas pela autoridade.

Nesse ponto, coloco uma questão que será desenvolvida no próximo capítulo, quando for tratar do mal-estar na cultura contemporânea. Se para Freud a sociedade de sua época era obrigada a considerar o estado mental acima descrito, o que podemos dizer da atualidade, quando o imperativo de gozo reina quase sem limites? O que dizer de uma época em que há uma mensagem velada em cada regulamento que convida à sua desobediência — contanto que discretamente, ou nem tanto, se a situação permitir? Uma expressão cunhada jornalisticamente (e mesmo em alguns círculos acadêmicos) me parece expressar muito bem o estado mental infantil no adulto a que Freud se refere: os *adult kids*, ou seja, adultos que se portam como crianças e, por outro lado, crianças que se portam como adultos. A psicanalista Maria Rita Kehl se refere a esse fenômeno como a "teenagização" da cultura. Ou seja, ninguém quer ser criança nem adulto, muito menos velho, todo mundo quer se manter na longa faixa — cada vez mais esticada — da juventude, rica em hormônios e livre de responsabilidades e obrigações.

De modo estrito, é só quando a autoridade é internalizada e o supereu estabelecido que se pode falar propriamente de consciência ou sentimento de culpa. É somente nesse estágio que o medo de ser descoberto pela autoridade se torna irrelevante, afinal, nada, nem mesmo os pensamentos, pode ser escondido do supereu. Nesse segundo estágio aparece uma circunstância complicadora que não aparecia antes: quanto maior a virtude de um homem, mais severo e desconfiado ele será em relação a si mesmo. A consciência se manifesta aí como se fosse um órgão autoexcitável. Quanto maior o grau de santidade, mais grave a acusação de pecaminosidade.

Os depoimentos dos santos (como, por exemplo, as *Confissões* de Santo Agostinho) e ascetas caminham geralmente nessa direção e se poderia objetar que nada há de surpreendente nisso, na medida em que é justamente o rigor da consciência que constitui a marca de um homem moral. As tentações se tornam sempre maiores quando menos satisfeitas, de modo que sua satisfação ocasional diminui a dor de seu aguilhão.

Outro fato observado pela psicanálise desafia o senso comum da reflexão ética mais tradicional: a má sorte, entendida como frustração provocada pelo mundo externo, aumenta sobremaneira o poder do supereu. Enquanto tudo corre bem, a consciência se mantém discreta em relação ao eu, mas se algo de ruim acontece, ela imediatamente se examina, eleva as exigências ideais e se castiga com penitências. De acordo com Freud, povos inteiros se comportaram e ainda se comportam dessa maneira. A explicação para isso está no fato de que o estágio infantil da consciência não desaparece após a introjeção da autoridade no supereu. O que ocorre nesses casos é o estabelecimento de uma equivalência (no inconsciente) entre o Destino e a autoridade paterna; de modo que o sentimento diante do infortúnio é o de ter sido abandonado por esse poder supremo. Ameaçado pela falta desse amor, o eu se curva ainda mais diante do representante paterno em seu supereu, o mesmo com o qual não se importava em seus dias de boa sorte. E dá-lhe água para o moinho do sentimento de culpa.

Um modo mais simples de explicar o processo consiste em dizer que, diante da perplexidade causada pelo infortúnio, o sujeito recorre ao que conhece: ao sentimento de culpa diante do pai de quem, num estágio anterior, tentava se esconder em suas más ações. Parece inclusive mais fácil e consolador imaginar que o infortúnio tenha sido causado por algum pecado, mesmo que não identificável, do que se abandonar ao sentimento trágico da falta de sentido subjacente a alguns acontecimentos da vida.

Essa explicação é corroborada nos casos em que a religião encara o destino como expressão da vontade divina. O exemplo dado por Freud é o do povo judeu, que jamais questionou o poder ou a justiça de Deus, mesmo tendo sido vítima das piores desgraças. De modo totalmente oposto, o homem primitivo não atribui a si a culpa pelo infortúnio, e sim ao seu fetiche, às vezes batendo no representante do totem como se esse tivesse causado o mal.

O sentimento de culpa se origina então, inicialmente, do medo da autoridade e posteriormente do medo do superego. No primeiro estágio, o sujeito precisa abrir mão das satisfações pulsionais proporcionadas pelas "más ações" para garantir o amor da autoridade externa. No segundo, é necessário que haja punição pelo simples fato de tê-las desejado, já que não é possível esconder os desejos do superego. Ou seja, nesse estágio a renúncia não atinge mais seu efeito liberador; a virtude não é recompensada pela garantia do amor. O sujeito fica acometido por uma tensão permanente, a tensão do sentimento de culpa.

Freud conclui, a respeito da origem da consciência, que sua agressividade conserva a agressão da autoridade externa. O problema que resta esclarecer é por que o infortúnio intensifica a severidade da consciência "nos melhores e mais obedientes indivíduos".[41] É aí que surge uma ideia que só poderia surgir no campo da psicanálise, posto que parece

---

[41] Ibidem, p. 153.

estranha e mesmo ilógica para o senso comum: há uma via de mão dupla na relação de causalidade entre consciência e renúncia pulsional. Cada renúncia efetuada pressupõe a existência de uma consciência anterior. No entanto, essa mesma renúncia torna-se uma "fonte dinâmica",[42] uma espécie de gerador de consciência, e cada nova renúncia aumenta sua rigidez. Como em um anúncio de biscoito que se tornou popular, não se sabe se ele está sempre fresquinho porque vende mais ou se vende mais porque está sempre fresquinho. Aqui, não sabemos se a renúncia ocorre por força da consciência ou se essa se mantém forte à custa de cada renúncia efetuada.

Esse processo pode ficar mais claro se considerarmos como uma hipótese temporária o fato de a renúncia em questão ser sempre uma renúncia à agressão. Retomando o tema do complexo de Édipo, Freud observa que a criança provavelmente desenvolveu uma boa dose de agressividade contra aquele que representou a autoridade para ela. Impedida de dar vazão a uma vingança contra a autoridade, a criança encontra saída para essa situação se identificando com ela, incorporando em si mesma aquele que tinha poder de barrar sua satisfação pulsional. Essa autoridade incorporada se transforma em seu supereu, que toma para si toda a agressividade que a criança gostaria de despejar sobre aquela.

A relação entre eu e supereu é, assim, um reviver do que ocorreu de fato entre o eu, ainda não cindido entre as diferentes instâncias psíquicas (eu, isso, supereu), e um ob-

---

[42] Ibidem.

jeto externo. No entanto, esse reviver é deformado pelo desejo. O rigor do supereu não corresponde exatamente ao rigor que foi imposto ao eu pelo objeto externo. Ao contrário, o rigor do supereu corresponde à agressividade sentida pela criança contra o objeto. Dito de outro modo, a severidade do supereu corresponde antes à expectativa de punição que a criança tem em relação ao pai — se foi ele o representante da autoridade para ela — do que à dureza de tratamento que recebeu dele. Esse ponto de vista do autor pode ser ilustrado pelo fato, facilmente constatável, de que os filhos de uma mesma família reagem de maneira muito diferente à mesma forma de tratamento;[43] assim como alunos que estudaram em uma mesma escola e foram submetidos ao mesmo regime disciplinar incorporam esse regime de maneira diferente em suas vidas. Seria precipitado esta-

---

[43] Uma história real e ademais íntima nos serve de exemplo nesse caso: um casal de irmãos, com apenas três anos de diferença de idade, foi criado por pais comunistas e preocupados em transmitir-lhes, desde muito cedo, o que se chama de "consciência social". Um dos recursos utilizados nesse sentido era advertir os filhos, quando deixavam comida no prato, de que havia muitas crianças com fome no mundo e que aquele desperdício era moralmente inaceitável. A menina se sentiu muito tocada pela admoestação e logo se disciplinou no sentido de comer tudo o que lhe era servido. O menino, em contrapartida, frequentemente deixava comida no prato e um dia, quando a mãe ameaçava repetir a admoestação, ele a interpelou e disse: "Não me venha falar de crianças com fome porque eu não tenho culpa nenhuma disso!" Hoje, passadas várias décadas, o rapaz continua deixando comida no prato, enquanto a moça se sente muito culpada quando lhe falta apetite. Um cínico — e os cínicos são sempre realistas — se limitou a comentar, ao ouvir a história: "As crianças com fome apenas tornam o *Ocidente* culpado cada vez mais gordo!"

belecer uma relação de causalidade direta nesses casos. É claro que há relação entre o vivido e o incorporado no aparelho psíquico, mas, ainda assim, "com uma educação bastante branda, uma criança pode adquirir uma consciência moral muito severa".[44] Na origem da consciência, ressalta o autor, tanto fatores constitucionais inatos quanto os fatores ambientais externos têm de ser levados em conta.

Voltando ao *modus operandi* de comparar o desenvolvimento individual com o desenvolvimento da espécie, Freud retoma *Totem e tabu* e supõe que o sentimento de culpa tem origem no complexo de Édipo, adquirido quando o pai foi assassinado pelos filhos. Conforme vimos no primeiro capítulo, o episódio do assassinato do pai dá conta do mistério da origem do sentimento de culpa. Os irmãos reunidos em bando sentiram remorso pelo que fizeram porque, necessariamente, já possuíam uma consciência, ou seja, a disposição para se sentir culpados. O remorso só pôde aparecer devido à ambivalência de sentimentos que nutriam pelo pai: eles o odiavam, mas também o amavam.

Depois que o ódio foi saciado pelo assassinato, o amor pôde vir à tona, alimentando o remorso pelo ato cometido. O supereu surge, então, por meio da identificação com o pai e adquire poder suficiente para impor restrições que impeçam a repetição do ato. Na medida em que a agressividade contra o pai não se extinguiu nas gerações seguintes, o sentimento de culpa se manteve vivo e cada vez mais forte, devido a cada renúncia de agressão feita pelo eu e transferida para o supereu. Freud conclui, do exposto, que a cons-

---

[44] S. Freud, *O mal-estar na cultura*, p. 156.

ciência é fruto do amor e que o sentimento de culpa é inevitável diante da convivência com o outro. Cometer ou não o assassinato do pai não é o mais relevante nessa discussão, uma vez que o sentimento de culpa deriva da ambivalência emocional e da eterna luta entre Eros e a pulsão de morte.

Esse conflito acompanha toda forma de convivência humana: começa na família na modalidade edípica e, à medida que há uma ampliação da comunidade, continua em expressões que guardam estreita semelhança com sua origem. Só é possível fazer com que os homens se unam em grupos cada vez maiores por meio do aprofundamento do sentimento de culpa. O risco embutido nesse mecanismo é uma elevação talvez intolerável desse sentimento. Será que ao longo do desenvolvimento da civilização os homens, em círculos cada vez mais amplos, conseguirão criar saídas para o conflito entre amor e ódio, assim como a identificação representa uma saída para o conflito edípico no seio da família?

Freud enuncia que o custo do avanço civilizatório é o aprofundamento do sentimento de culpa e a necessária perda de felicidade que o acompanha. Antes de prosseguir na exposição, chamo a atenção para uma nota de rodapé assaz interessante: Freud considera um problema, na educação de seu tempo, o desprezo pela dimensão que a sexualidade ocupa na vida dos jovens e o silêncio em torno da questão da agressividade presente nas relações sociais. Os jovens são levados a acreditar que todos cumprem as elevadas exigências éticas que são ensinadas na escola. Desse modo, acabam sendo equipados para a vida de maneira inadequada.

Essa observação conduz naturalmente a um cotejamento com o estado atual da educação. À primeira vista, parece ter havido nesse campo uma guinada no sentido oposto ao apontado por Freud, a saber, o de supervalorizar a agressividade e a competitividade presentes nas relações sociais. A sexualidade (entendida no sentido mais pobre do termo) é tema onipresente na cultura atual, de modo que também consta na agenda da educação desde seus primeiros estágios. Como professora de ética, fico à vontade para afirmar que, ao contrário do que ocorria na época de Freud, os jovens de hoje são bastante céticos no sentido de acreditar que as "elevadas exigências éticas" sejam cumpridas por alguém. O efeito pernicioso desse ceticismo é que, sem dispor de exemplos de virtude (quaisquer que sejam), eles mesmos se sentem à vontade para desconsiderar a questão do que seria um agir mais correto em relação à vida pessoal e social.

Voltando à conclusão do autor, resta explicar a relação entre o sentimento de culpa e a consciência. No caso do remorso não há dificuldade, posto que o sentimento é percebido pela consciência a ponto de falarmos de uma "consciência de culpa", no lugar de um sentimento que seria inconsciente. Nas pessoas neuróticas de modo geral — com exceção de alguns pacientes obsessivos — o sentimento de culpa tende a permanecer inconsciente. Alguns obsessivos se dão conta de um mal-estar bastante forte quando são impedidos de praticar seus rituais, na medida em que esses têm a função "prática" de ajudar a aliviar a culpa inconsciente. Lavar as mãos 20 vezes seguidas ou se dedicar a uma dúvida obsedante, por estranho que possa soar, resulta em certo conforto interior, porque diminui a ansiedade nesses casos. Freud afirma que o sentimento de culpa é uma "variedade tópica da angústia",[45] que posteriormente se identifica com o *medo do supereu*.[46] A ansiedade está sempre presente, de diversas formas, em todo sintoma. Analogamente, o sentimento de culpa civilizatório também se apresenta sob diversos disfarces e é percebido como uma insatisfação difusa e vaga para a qual as pessoas buscam outras motivações. As religiões sempre procuraram dar conta desse sentimento de culpa, o qual chamam em geral de pecado.

Freud propõe, como importante simplificação teórica, a ideia de que a elevação do sentimento de culpa tem a ver com a frustração de pulsões agressivas. Isso não excluiria, no entanto, o papel da frustração erótica nesse processo, já que geralmente o impedimento de uma satisfação desse tipo gera agressividade contra aquele que a interditou. Aplicando a ideia ao processo de repressão, Freud conclui que quaisquer tendências pulsionais reprimidas têm seus elementos libidinais transformados em sintomas, enquanto os elementos agressivos se tornam sentimento de culpa.

No desenvolvimento do indivíduo, a força que o conduz no sentido do prazer e de sua própria felicidade "egoísta", nos termos de Freud, costuma ser maior do que a força que o conduz na direção da convivência com os outros. Para a cultura, na verdade, o mais importante é manter os

---

[45] Ibidem, p. 166.
[46] Ibidem. Grifo do autor.

homens unidos a despeito de suas individualidades, por isso seria mais fácil ignorar suas demandas individuais e singulares de felicidade. Os dois processos — desenvolvimento individual e desenvolvimento da cultura — só coincidem quando o indivíduo estipula a integração com a comunidade como sua meta de felicidade.

Assim como há uma luta interior no indivíduo entre a libido do eu e a que se dirige aos objetos do mundo externo, há outra luta entre o interesse "egoísta" de felicidade e o movimento de união com outros seres humanos dentro de cada um de nós. O *desiderato* de Freud é que haja uma acomodação entre as premências individuais e culturais no futuro da civilização, já que essa última, no momento em que escreve, oprime a vida do indivíduo.

Levando adiante a analogia entre o processo civilizatório e o desenvolvimento do indivíduo, Freud observa que há também um supereu que determina os rumos da cultura. Essa instância teria uma origem semelhante à do supereu do indivíduo e seria formada pela forte influência exercida por grandes líderes, que, não raro, foram maltratados em vida. O melhor exemplo disso é a figura de Jesus Cristo; será que sua importância para a cultura não teria a ver com uma remota lembrança do assassinato do pai primevo descrito em *Totem e tabu*? Tal como o supereu individual, o supereu da cultura estabelece "rigorosas exigências ideais, cuja inobservância é punida com o 'medo da consciência moral'".[47] Há, naturalmente, uma ligação íntima entre o supereu cultural e o do indivíduo, e Freud afirma ser mais fácil verificar as

---

[47] Ibidem, p. 177-178.

propriedades dessa instância crítica no comportamento coletivo do que no do indivíduo isolado.

Entre as exigências superegoicas, aquelas que versam sobre as relações dos seres humanos uns com os outros receberam o epíteto de "ética". Como já havia indicado no início do livro, ao enumerar as principais fontes de sofrimento para o homem, Freud considera a matéria-prima da ética — a regulação da vida humana em sociedade — aquilo que há de mais difícil e doloroso na civilização. Em última instância, a ética é uma tentativa de livrar a civilização da tendência inata dos homens para a agressão mútua. Dada a enormidade da tarefa, a ordem do supereu precisou, também, ser cabal e vigorosa: ama o próximo como a ti mesmo!

Na terapia individual se trata de atenuar a severidade do supereu, posto que ele se preocupa pouco com a felicidade do eu e não considera as inúmeras resistências que o indivíduo tem de vencer para atender a suas ordens. O mesmo processo pode ser aplicado contra as exigências do supereu cultural e, portanto, em seu "tratamento". O supereu cultural presume que o eu (*Ich*) de um ser humano é capaz de tudo, que possui domínio total de seu isso (*Es*). Freud observa com veemência que essa premissa é equivocada, que mesmo nas pessoas ditas "normais" o isso não pode ser totalmente controlado. A insistência nesse controle, continua o autor, só poderá produzir uma neurose ou uma revolta, além de causar infelicidade nos indivíduos.

"Ama o próximo como a ti mesmo" é uma exigência impossível, portanto. Mas a civilização insiste em promover esse mandamento e ainda afirma que a dificuldade de obedecer a ele só aumenta o mérito dos que conseguem fazê-lo. De modo "anticristão" e até mesmo "anti-humanista", Freud enuncia que aquele que tenta seguir esse preceito se coloca em desvantagem em relação àquele que o despreza. A ética, quando ligada à religião, acrescenta as promessas de vida depois da morte aos mandamentos, e Freud segue implacável — e realista — em seu ceticismo: "Enquanto a virtude não seja recompensada já na Terra, a ética pregará em vão."[48]

Freud chega a dizer que uma mudança nas relações entre os homens e a propriedade poderia representar um avanço civilizatório maior do que o que se conseguiu com as ordens éticas. No entanto, a concepção idealizada da natureza humana criada pelos socialistas impediu que isso acontecesse.

Freud afirma que a investigação do papel desempenhado por um supereu nos fenômenos culturais é um caminho promissor (em nossos dias alguns autores se dedicam precisamente a essa tarefa, tais como o filósofo esloveno Slavoj Žižek e o psicanalista francês Charles Melman, de quem falarei adiante). E considera inescapável a questão de saber se não seria possível considerar certas civilizações, algumas épocas específicas ou mesmo a humanidade inteira "neuróticas". Ao mesmo tempo, adverte para as dificuldades de se estabelecer uma "terapia" para a cultura, na medida em que nesse caso não seria possível contar com o contraste entre o paciente e as pessoas normais. Se todos de uma cultura sofrem do mesmo mal, seria necessário procurar o contrapon-

---

[48] Ibidem, p. 181.

to em outro lugar. Apesar disso, Freud manifesta o desejo de que essa pesquisa sobre a patologia das comunidades seja realizada um dia.

O mal-estar na civilização chega ao fim com a recusa do autor a exprimir um juízo de valor acerca da civilização. Alegando ignorância sobre a matéria, Freud garante saber ao menos uma coisa com certeza: que as avaliações humanas se aderem aos seus desejos de felicidade e, por isso, são na verdade "uma tentativa de apoiar suas ilusões com argumentos".[49] O mestre de Viena se nega a fazer o papel de profeta e oferecer, por meio de uma avaliação da civilização, algum tipo de consolo aos seus semelhantes. A questão realmente importante é saber se a civilização será capaz de vencer as forças que, em seu próprio seio e por mãos humanas, conduzem à destruição.

Nesse sentido, Freud considera o período em que viveu de especial interesse. Os homens conseguiram, por meio do esforço civilizatório, um controle sobre a natureza e, ao mesmo tempo, uma capacidade de destruição sem limites. Conscientes do fato, padecem de profunda inquietação e temem o futuro. Na última linha, Freud se pergunta se o imorredouro Eros, força concorrente à pulsão de morte, não será capaz de vencer a luta por prevalência entre os seres humanos. E, ainda que vença, fica a questão de saber por quanto tempo — e em que medida — poderemos contar com ele e com seu poder de união dos homens em unidades cada vez maiores.

---

[49] Ibidem, p. 183.

TERCEIRO CAPÍTULO: O MAL-ESTAR MELHOROU?
A PERTINÊNCIA DO LIVRO HOJE

A primeira coisa que salta aos olhos, se utilizamos a teoria exposta por Freud em *O mal-estar na civilização* para compreender os fenômenos da vida contemporânea, é a mudança de lugar que a ideia de *renúncia* (ao princípio do prazer), considerada por ele fundamental para a vida civilizada, sofreu na atual ordem das coisas. Na hierarquia dos valores que movem a sociedade, a importância da renúncia e do sacrifício pulsionais em nome do bem-estar coletivo foi solapada pela importância conferida ao prazer — na forma de gozo irrestrito — e à diversão, à leveza.

Não só as relações afetivas e as experiências sexuais devem ser, sobretudo, "leves" e agradáveis; a esfera da produção, do trabalho e do estudo também se encontra gravemente submetida a esse insustentável imperativo da leveza. Para ficarmos na esfera do trabalho, desde que Hesíodo escreveu *Os trabalhos e os dias*, tentando ensinar a seu irmão as virtudes da persistência na lida com a terra, há um certo consenso de que é preciso dar duro e esperar o tempo certo da colheita dos frutos; e que, mesmo procedendo assim, aquele que trabalha deve estar preparado para, eventualmente, não colher nada do que plantou, como o camponês que vê sua safra destruída por uma tempestade. Paradoxalmente, foi também na dureza dessa verdade que trabalhadores de todas as épocas encontraram forças para continuar. Analogamente, foi por meio do reconhecimento do esforço e da finitude de sua capacidade diante do infinito universo do conhecimento que estudantes de todas as épocas arrancaram a motivação para aprender.

Hoje, a necessidade imperiosa de se divertir, o horror ao tédio e aos espaços não preenchidos por informação tornaram o trabalho e o estudo, parafraseando Freud, tarefas quase impossíveis. Sem esforço e sem alguma dose de tédio não é possível construir um saber genuíno, para além da simples colagem de informações; aliás, fartamente distribuídas e fáceis de obter graças às novas tecnologias. Contrariando essa posição, aqueles que deveriam zelar pelo esforço de aprender continuam prometendo o saber "leve" e divertido, abrindo mão, inclusive, do direito de avaliar seus estudantes e comunicar-lhes, por mais penoso que isso possa ser, as efetivas diferenças de qualidade entre eles.

A maior parte dos sofrimentos atuais se deve não à falta de possibilidades ou ao excesso de proibições, e sim ao excesso de ofertas e "virtualidades". No mundo do trabalho, por exemplo, valoriza-se cada vez mais o desenvolvimento de novas habilidades e competências. O curioso é que essa sede de novas aptidões é tão grande que, em geral, não há tempo para testá-las na prática, para saber se são úteis para os fins a que se propõem. E quem ousa se demorar mais tempo no desenvolvimento de uma competência já testada e aprovada, portanto útil, corre o risco de ser chamado de conservador ou, nos piores casos, preguiçoso.

O homem contemporâneo não consegue mais abranger com o olhar os limites entre o permitido e o proibido; mas sim entre o factível e o impossível — entre o que "dá" e o que "não dá" — seja por um impedimento jurídico, seja por um impedimento natural, orgânico. Ser autêntico, tarefa a que somos incitados o tempo todo, é cansativo; escolher um xampu na drogaria já exige um estudo de identidade impensável há 30 anos. O que parece inadequado, embora não proibido, é rejeitar a abundante oferta de xampus (cabelos secos, oleosos e até oleosos na raiz e secos nas pontas...) e se contentar com sabão de coco para lavar os cabelos.

Na introdução a *O mal-estar na pós-modernidade*, Zygmunt Bauman afirma que Freud publicou, inicialmente, o livro tema deste volume com o título de *A infelicidade na cultura (Das Unglück in der Kultur)*, tendo-o depois rebatizado de *O mal-estar na cultura (Das Unbehagen in der Kultur)*, consagrado entre nós, conforme já foi dito na introdução, como *O mal-estar na civilização*. De acordo com Bauman, o livro de Freud não se ocupa daquilo que denominamos genericamente de civilização, uma vez que só a modernidade se compreendeu e se referiu a si mesma como tal. Para Bauman, o livro nos instiga a refletir a respeito das consequências do que chama de "aventura moderna".

Maria Rita Kehl vem ao encontro da posição de Bauman ao afirmar que o termo "civilização" surge com o advento da modernidade justamente para designar as sociedades europeias em relação aos povos recém-descobertos no chamado Novo Mundo. Nesse sentido, é possível coincidir modernidade e civilização não porque as sociedades pré-modernas ou não modernas sejam bárbaras, mas porque o próprio conceito foi criado para marcar uma diferença dos europeus diante dos povos "exóticos" da África, da Ásia e das Américas.[50]

Freud, conforme já foi dito, não está preocupado com distinções conceituais de ordem antropológica — por isso não se detém no exame de civilizações ou formações culturais específicas —, e sim em descrever o tipo de esforço psíquico que é exigido dos homens quando eles decidem viver em uma sociedade organizada pela lei, e não pela força bruta. Freud poderia, em *O mal-estar na civilização*, ter falado das civilizações grega, romana, inca ou da cultura cigana, se quisesse entrar nos campos da antropologia ou da história. Como médico e cientista, vivendo na Europa moderna, ele fala naturalmente do lugar de onde vem, com plena consciência da perspectiva que lhe permite ver o resto do mundo. A carta a Einstein, por exemplo, deixa claro que Freud se alinha ao que a modernidade deixou de melhor: a aposta no diálogo e na tolerância mútua, que podem trabalhar contra a destruição. Apesar do reconhecimento de que, no próprio seio da civilização, entendida como construção humana coletiva, sempre existirão elementos bárbaros — com-

---

[50] Cf. conferência para o ciclo "Civilização e barbárie", São Paulo e Rio de Janeiro, setembro de 2002, no site da autora.

preendendo sob esse termo as forças que levam à guerra e à morte.

A tese principal de Freud em 1929 foi praticamente invertida na passagem para o século XXI: a civilização não se sustenta mais no sacrifício pulsional individual feito em nome da segurança coletiva. Para Bauman, vivemos na era da desregulamentação, do desengajamento e de seu efeito colateral mais desagradável, o medo da redundância. Em suas palavras, "os homens e as mulheres pós-modernos trocaram um quinhão de suas possibilidades de segurança por um quinhão de felicidade".[51]

O que se espera é da ordem da quadratura do círculo: nada deve reprimir a busca de prazer de cada um, de realização "pessoal" no trabalho e nos afetos, nem mesmo as leis coletivas que servem justamente para proteger o indivíduo da violência que o outro pode querer descarregar sobre ele. Além disso, nada deve impedir o indivíduo de expressar seus anseios e desejos individuais; a coletividade deve ser sempre uma boa plateia para a projeção, muitas vezes descuidada, de seu mundo interior.

Se para Freud não seriam os ideais metafísicos da ética tradicional os sustentáculos da cultura, nem por isso o homem escaparia da constatação de que, para ganhar alguma coisa, é preciso perder outra. Quando os arranjos sociais servem de abrigo aos infortúnios individuais, é certo que alguma cota de prazer foi, antes, sacrificada. O elemento psíquico que atua nesse sentido é o

---

[51] Z. Bauman, *O mal-estar na pós-modernidade*, p. 10.

princípio de realidade, fundamental para a orientação dos homens em direção àquilo que mais os atrai para o projeto civilizatório (como o trabalho e o estudo, mencionados anteriormente).

Bauman observa que em nossos dias o princípio de realidade está "em baixa", precisando se justificar a cada passo para o princípio do prazer. Qualquer evocação da necessidade de renúncia individual em nome da cultura é hoje interpretada como um ataque intolerável à liberdade soberana do sujeito. No entanto, os sujeitos pós-modernos continuam perseguindo os mesmos ideais perseguidos na modernidade: a beleza, a limpeza e a ordem.

A noção de *cultura*, de acordo com Bauman forjada no final do século XVIII, nasceu com o fito de designar, nos diferentes lugares e nas diferentes línguas, uma série de atividades intencionais. Tanto o francês *civilisation* quanto o alemão *Bildung* e o inglês *refinement* diziam respeito a um esforço já feito ou por fazer no sentido do aprimoramento da vida coletiva, no sentido da educação, "do aperfeiçoamento moral ou elevação do gosto".[52] Os três termos revelavam preocupação e ansiedade com o destino do homem quando entregue a si mesmo, quando livre para seguir suas próprias moções. A certeza de que o mundo decorrente desse tipo de liberdade seria terrível demais instituiu o projeto civilizatório: dê às pessoas educação, ensine a elas meios racionais de levar a vida, e o resultado final valerá a pena. No entanto, não é possível

---

[52] Ibidem, p. 161.

afrouxar o rigor e o controle em nenhum momento; ao menor deslize as pessoas agirão como crianças, na melhor das hipóteses, ou como bestas, em um quadro mais dramático. Nas palavras precisas de Bauman, a cultura é um "dispositivo de antialeatoriedade",[53] um procedimento que serve para criar e manter um encadeamento entre os fatos — a beleza e a limpeza — onde, potencialmente, reinaria o caos.

A civilização é, efetivamente, a ordem imposta aos seres humanos que são, abandonados à própria sorte, sujos e desleixados. Para que a ordem civilizada se imponha, é necessário um compromisso de todos, um acordo que não cessa de ser renegociado na medida em que a "barbárie" sempre paira como ameaça. Vimos no texto de Freud como o princípio do prazer, por conta das pressões habituais da vida civilizada, acaba se "domesticando" e aceitando a medida imposta pelo princípio de realidade.

Mas isso foi nos tempos de Freud. Hoje, como vimos há pouco, os homens e as mulheres pós-modernos continuam perseguindo a beleza, a limpeza e a ordem — junto com o gozo a qualquer preço. O que mudou foi o método considerado mais eficaz para alcançar esses ideais: acredita-se que a espontaneidade de cada um, tirando energia do princípio do prazer, será capaz de instaurar o estado de coisas que se espera da civilização. O problema, nesse contexto, é que a noção de "norma" se torna cada vez mais vaga, sempre sujeita a revisões e discussões capazes de aniquilar seu sentido, sempre sujeita, no fundo, ao impé-

---

[53] Ibidem, p. 164.

rio da "exceção" que se tornou o mundo pós-moderno. As fronteiras entre o "normal" e o "anormal" se esfumaçaram assustadoramente.

No mundo atual, a liberdade individual ocupa o lugar principal na hierarquia de valores; é ela que mede todos os outros valores e decide a respeito da qualidade de todas as regras e leis que transcendem o indivíduo. Dito de outro modo, qualquer norma de validade universal precisa ter o cuidado de não ferir suscetibilidades individuais; exigência que é em si mesma contraditória e, naturalmente, impossível de ser atendida, salvo por um feliz acaso.

Mas a demanda do homem contemporâneo não para por aí; a liberdade individual consiste, principalmente, na liberdade de buscar o prazer. Para que ela flua sem freios, a segurança do indivíduo é necessariamente posta em risco. Bauman observa, citando Georg Simmel — e Freud, por extensão —, que um valor só é verdadeiramente um valor quando implica a perda de outros. Até a modernidade, a liberdade era sacrificada em nome da segurança. Hoje, é ela que se sacrifica pela liberdade, ao mesmo tempo em que lhe rouba o antigo atrativo: "Se obscuros e monótonos dias assombraram os que procuravam a segurança, noites insones são a desgraça dos livres."[54]

Insônia, ansiedade, depressão, transtornos alimentares, transtorno de déficit de atenção, esvaziamento interior, incapacidade de pensar de maneira não instrumental (a teia dos interesses particulares elimina a liberdade de pen-

---

[54] Ibidem, p. 10.

sar de modo mais livre, constrange o pensamento) formam a sintomatologia daqueles que vivem no mundo do jogo, no qual, segundo Bauman, apostar é a regra, suplantando a "antiga" busca de certeza. Como diria Ada, a jovem protagonista do romance contemporâneo alemão *A menina sem qualidades*, de Juli Zeh, a busca de certeza e segurança só serve para aqueles que acreditam "em uma vida antes da morte".[55]

A capacidade de se arriscar toma o lugar da busca obstinada de objetivos. Aquele que teima em procurar um refúgio seguro acaba inevitavelmente padecendo no mundo pós-moderno, já que nada é digno de confiança, pelo menos não para sempre. Não é por acaso que se fala tanto em "flexibilidade" no mundo do trabalho. É nesse sentido, aliás, que o sociólogo alemão Robert Kurz, levando a discussão ao âmbito da economia, caracteriza o capitalismo atual, num feliz achado, como "capitalismo cassino".[56]

Um *locus* privilegiado para se pensar nessas diferenças entre um e outro tipo de subjetividade é o sexo. Se antes, segundo Bauman, ele era uma espécie de prêmio merecido por todos os compromissos e deveres que as relações sexuais lícitas implicavam, hoje também virou um terreno no estilo parque temático, um *playground* de adultos que não gostam

---

[55] Juli Zeh, *A menina sem qualidades*, p. 388. O romance alemão, de grande sucesso, foi considerado pela crítica uma espécie de *O homem sem qualidades*, de Robert Musil, de nossa época.

[56] Robert Kurz, *Os últimos combates*.

muito de mantê-lo na teia dos compromissos sociais assumidos em seu nome.

Žižek tem se dedicado a desvendar o modo de funcionamento do supereu na cultura contemporânea, tentando elucidar quais seriam as suas exigências. Antes dele, filósofos da escola de Frankfurt e o psicanalista francês Jacques Lacan analisaram — de pontos de vista diferentes — as mudanças subjetivas trazidas pela passagem da sociedade da produção, sustentada em instituições hierarquizadas com papéis sociais bem definidos, para a sociedade de consumo, na qual os papéis sociais se tornam tão intercambiáveis quanto os produtos oferecidos no mercado.

Lacan foi, no campo da psicanálise, o primeiro a investigar e analisar a mudança sofrida pelo imperativo do supereu, que de interditor do gozo passou a ser o seu mandante: "Goza!" *Grosso modo*, o gozo para Lacan não significa o usufruto dos bens de que alguém dispõe, nem a satisfação sexual cumprida; ele é, antes, um tipo estranho de satisfação que não leva em conta os interesses de preservação do eu, que incita o sujeito a ir além do seu bem-estar. Em relação ao prazer, o gozo sempre se manifesta como excessivo, como um parente muito próximo da dor. O gozo não pode ser concebido como a satisfação de uma necessidade proporcionada por um objeto dado. É por isso que o imperativo do supereu identificado por Lacan cai como uma luva na sociedade de consumo, que precisa do caráter fugidio, descartável, de todas as mercadorias para sobreviver. Se a sociedade da produção precisava de um supereu que barrasse o gozo manipulando a culpa, a sociedade de consumo precisa de um supereu que incite ao gozo ilimitado e que, por isso mesmo, não pode ser satisfeito por nenhum objeto possível. Gozar, portanto, se torna um verbo intransitivo na sociedade na qual o grande négocio é negociar sempre.

Para Žižek, o supereu pós-moderno nos obriga, em primeiro lugar, a sentirmos prazer naquilo que somos obrigados a fazer. Tais como os dirigentes de empresa que procuram criar um vínculo de devoção do empregado em relação à empresa, de modo a que ele trabalhe como se estivesse em família, em busca de sua própria realização espiritual; enfim, para usar um termo muito em voga nas organizações, de modo que ele se sinta um "colaborador", e não um empregado. Ou como os pais que procuram incutir nos filhos o respeito por si mesmos (e pelos mais velhos em geral) a partir da sedução e da manipulação da culpa, e não a partir da autoridade jurídica ou moral que possuem sobre eles ("Ah, você não vai fazer isso com a mamãe, vai?"). No supereu atual, conclui o filósofo, a ordem de sentir prazer em cumprir o dever se confunde com o dever de sentir prazer.

Usando, portanto, a teoria e a terminologia de Lacan, Žižek se refere ao "mestre 'permissivo' pós-moderno", cuja dominação é tanto mais forte quanto menos visível e insidiosa. O sociólogo francês Gilles Lipovetsky ilustra bem essa ideia ao comentar as diretrizes do narcisismo contemporâneo: seja autêntico e faça do seu corpo e da sua vida sexual o que quiser, mas nem pense em engordar ou envelhecer...

Em um de seus artigos,[57] Žižek observa que o mercado oferece uma série de produtos desprovidos de suas substâncias nocivas: café sem cafeína, cerveja sem álcool, creme sem gordura e até sexo sem sexo, sexo virtual e seguro. A própria imagem que fazemos de outros povos, apoiados por um multiculturalismo liberal e tolerante, é a imagem do outro privado de sua diversidade, daquilo que ele tem de diferente e verdadeiramente ameaçador para nós. Em suma, hoje em dia nos é permitido desfrutar de tudo, desde que esse tudo seja desprovido de sua substância perigosa.

No caso das religiões e seitas, por exemplo, deve-se atenuar o rigor de seus preceitos e torná-las tão instrumentais quanto possível, compatíveis com a racionalidade econômico-pragmática atual. No Brasil, algumas igrejas usam o termo "teologia da prosperidade" para atrair novos fiéis. A onda do budismo e do "yôga" em ambientes que em nada combinam com os preceitos dessas tradições, tais como as grandes corporações e academias de ginástica, criou um verdadeiro "budismo de resultados". Essa transformação no seio das religiões se torna ainda mais interessante — no que tange à mudança do supereu da cultura — se nos lembrarmos que Freud considerava o mandamento do "amor ao próximo" a exigência mais difícil de ser atendida em sua época.

Embora Freud fale do "supereu da cultura" ao final de O mal-estar na civilização, é importante sermos comedi-

---

[57] "O hedonismo envergonhado'.

dos no uso dessa expressão. Ele mesmo adverte o leitor de que a expressão é fruto de uma analogia entre indivíduo e cultura e que analogias só podem ser levadas até determinado ponto. O supereu foi descrito por Freud, conforme vimos, como uma instância psíquica individual, fruto dos impasses vividos no período do complexo de Édipo. Seu papel é regular o funcionamento social de cada um, de modo a que ele cumpra a função que a sociedade requer dele. Dito de outro modo, o supereu deve capacitar o sujeito a renunciar a boa parte da satisfação pulsional para tornar possível a vida coletiva; para que ele não destrua a si mesmo nem aos outros.

Não existe uma categoria metafísica "superegoica" que paire sobre a sociedade em uma esfera transcendente. O que existe na teoria freudiana e aparece como uma constante é o laço entre ontogênese e filogênese, entre processos individuais e processos da espécie; e o endereçamento do indivíduo ao outro para a constituição de sua própria subjetividade. Lembrando o livro *Psicologia das massas e análise do eu*, não existe análise individual que não seja também análise de grupo, já que o que é compartilhado pelo grupo, sobretudo seus ideais, compõe o repertório psíquico de cada um de seus membros.

Em "O narcisismo: uma introdução", de 1914, Freud antecipa a noção de "ideal do eu" — estreitamente aparentada com a noção de supereu —, que depois retomará no livro de 1921. Ele observa que todos nós formamos um ideal do eu que atua no sentido de reprimir as pulsões libidinais toda vez que elas entram em conflito com os ideais culturais e éticos do sujeito. A *consciência*, continua Freud, atua como vigia desse ideal — ele mesmo nascido da influência que sobre nós exerceram nossos pais e todos os que nos educaram, inclusive a opinião pública da sociedade à qual pertencemos. Freud poderia ter dito, em outras palavras, que o ideal do eu é formado pelos elementos da cultura ou subcultura da qual o indivíduo faz parte.

Voltando a Žižek, o hedonismo contemporâneo, portanto, é uma combinação de prazer e constrangimento; de falta de regulação em alg... as áreas, como a vida sexual e familiar, e extrema regulação nas questões relacionadas à aparência física e à saúde. Voltando ao tema da religião, para a maioria das pessoas ela deixou de ser um conjunto de crenças a que se adere completamente e que determina um modo de vida para se... ar mais uma forma de terapia. Lipovetsky observa, a propósito, que a sensibilidade política dos anos 1960 deu lugar à "sensibilidade terapêutica" dos anos 1970 em diante.[58]

O discurso social atual, ao contrário do discurso da virada do século XIX para o XX, não propõe que renunciemos ao prazer imediato em nome do prazer futuro. Ele grita: Goze de todas as maneiras! Descubra sua sexualidade, realize seu eu, sua vocação, encontre uma tradição religiosa ou mística que lhe convenha... (Basta se deter diante de uma banca de jornais e ler as chamadas nas capas de revista para entender do que estou falando.) O sujeito contempo-

---

[58] G. Lipovetsky, *A era do vazio*, p. 35

râneo, por isso, não se sente necessariamente culpado por ter transgredido alguma norma; ele se sente culpado, muitas vezes, por ter recuado diante da norma que se viu tentado a burlar.

No que outrora se chamava de "bons costumes" — um certo comprometimento com o pudor e o autossacrifício por instituições sociais como a família e o local de trabalho — o supereu atual parece bastante liberal. Um casal que justifica a manutenção de um casamento infeliz em nome das "crianças" parece, aos olhos da maioria, um tanto anacrônico. Por outro lado, muitas pessoas se mortificam — em academias ou por meio de dietas radicais — porque ingeriram alimentos que, supostamente, aumentam a taxa de colesterol. O que torna o hedonismo contemporâneo verdadeiramente único é que, com a ordem de gozar, vem um alerta contraditório dizendo para gozar com segurança, como os avisos do Ministério da Saúde nos maços de cigarro, aos quais a maioria dos fumantes já se acostumou.

O filósofo Vladimir Safatle observa que o supereu atual atende à passagem da sociedade da produção (do capitalismo sólido a que se refere Bauman em *Modernidade líquida*) para a sociedade de consumo. Nela, a renúncia ao gozo e a parcimônia nos prazeres simplesmente não são convenientes, não fazem com que a roda da economia gire. É evidente que ninguém precisa de roupas novas a cada estação, mas o que seria da indústria da moda se não sentíssemos como uma necessidade o impulso de renovar o armário quando as vitrines se renovam e os catálogos anunciam inúmeros novos gozos a que teremos acesso por meio das roupas? O neurótico da época de Freud não seria um consumidor ideal, a censura estaria alerta para reprimir excessos dessa ordem. Safatle aponta que mesmo marcas mais conservadoras apelam, cada vez mais, para propagandas que insinuam comportamentos perversos, como a drogada-chic ou o tipo andrógino.[59]

Uma boa ilustração da diferença subjetiva entre o homem da época de Freud e o de hoje é o artigo de 1916 "Alguns tipos de caráter encontrados no trabalho psicanalítico", no subitem "Os arruinados pelo êxito". A partir de sua experiência clínica, Freud observa que, em geral, as pessoas são acometidas por uma neurose devido à frustração dos seus desejos libidinais, ou seja, justamente devido à dose de renúncia que são obrigadas a aceitar para alcançar um lugar decente na vida social. Nesses casos, o fator que precipita a doença é um conflito entre os desejos e o eu.

O que causa surpresa é o fato de haver também pessoas que adoecem justamente quando um desejo há muito acalentado se realiza ou está em vias de se realizar. Embora seja difícil compreendermos a dificuldade que as pessoas têm de ser "felizes", de sustentar e se satisfazer com o próprio contentamento, Freud afirma que há uma ligação causal entre o êxito e a doença nos tipos em questão.

---

[59] V. Safatle, "Perversions for sale". Conferir também "Por uma crítica da economia libidinal".

O primeiro caso apresentado é o de uma jovem que, às vésperas de um casamento pelo qual esperava com ansiedade, destrói a fruição do acontecimento com ciúmes terríveis e paranoia persecutória. Há também o caso de um professor que, ao ser convidado para ocupar o lugar de seu mestre, que havia se aposentado, deprecia seu talento e cai em profunda melancolia, tornando-se incapaz de trabalhar por um longo período. Apesar das diferenças, ambos os casos concordam no seguinte ponto: a doença foi precipitada pela realização de um desejo e impediu, naturalmente, que as pessoas aproveitassem o acontecimento feliz, compreendido aqui como a satisfação de um impulso reprimido por muito tempo.

Para esclarecer o que está em jogo nesses casos, Freud distingue dois tipos de frustração, a *interna* e a *externa*. Quando o objeto do desejo se encontra na *realidade*, isso constitui uma frustração externa que em si é, segundo Freud, incapaz de desencadear uma neurose, a não ser que se junte a ela uma frustração interna:

> Nos casos excepcionais em que as pessoas adoecem por causa do êxito, a frustração interna atua por si mesma; na realidade, só surge depois que uma frustração externa foi substituída pela realização de um desejo. À primeira vista, há algo de estranho nisso, mas, por ocasião de um exame mais detido, refletiremos que não é absolutamente incomum para o ego tolerar um desejo tão inofensivo na medida em que ele só existe na fantasia e cuja realização parece

distante; pelo contrário, porém, o ego se defenderá ardentemente contra esse desejo tão logo esse se aproxime da realização e ameace tornar-se uma realidade.[60]

Freud conclui dizendo que as forças da consciência que conduzem à neurose como consequência do êxito se acham intimamente relacionadas ao complexo de Édipo, como talvez, na realidade, se ache relacionado todo sentimento de culpa em geral. O aspecto sombrio dessa conclusão é a constatação de que o pior obstáculo à felicidade não reside necessariamente (em alguns casos não reside absolutamente) nas asperezas da realidade material, e sim nas proibições que a própria consciência impõe ao sujeito. Ninguém, nesses casos, pode ser responsabilizado pelo sofrimento acarretado pelo sucesso. O mal aí é completamente destituído de seu caráter metafísico, ele é inteiramente subjetivo, e a questão da responsabilidade se coloca de maneira inusitada. Apenas o próprio sujeito pode ser "culpado" por não suportar a "felicidade" que o acomete.

Os arruinados pelo êxito que Freud conheceu vivenciavam o sucesso como uma espécie de injustiça para com o outro, como uma dádiva de alguma forma imerecida. Se Freud estivesse atendendo em nossos dias, veria que a moça já teria tentado seduzir seu amado independentemente do

---

[60] S. Freud, "Alguns tipos de caráter encontrados no trabalho psicanalítico", ESB, v. XIV, 1916, p. 359.

reconhecimento social de seu amor. Da mesma forma, o discípulo dileto já teria pedido tempos antes a seu professor que usasse de sua influência para lhe obter uma vaga na universidade. Hoje, observaria o doutor, é o fracasso — entendido também de modo muito peculiar, se compararmos com o sentido que esse termo possuía no século XIX e em boa parte do século XX — que "sobe à cabeça"; e, como o mundo não tem mais limites (*"impossible is nothing"*, afirma o anúncio de uma famosa marca de produtos esportivos), qualquer frustração pode ser facilmente interpretada como tal.

Seria impossível também, já que falamos de fracasso, não mencionar as depressões onipresentes. No âmbito do presente livro, interessa-nos conhecer o lugar do luto na vida atual, já que essa é uma peça importante no quebra-cabeça do mal-estar contemporâneo. A psicanalista Sandra Edler afirma que a depressão é um dos chamados *novos sintomas* da clínica psicanalítica e está referida à estrutura neurótica.[61] Aqueles que procuram os consultórios com quadros depressivos não guardam relação com o modelo do luto; sua fala expressa um misto de desinteresse pelo mundo e descrença em si mesmo. Como vimos no artigo de Freud "Luto e melancolia", o luto exige um trabalho de elaboração e, como tal, pode ser bem ou malsucedido. Se for bem-sucedido, o sujeito resgata sua libido e pode dispor dela para investir na vida. Para isso, no entanto, é preciso que haja um reconhecimento e uma

---

[61] Cf. *Luto e melancolia — À sombra do espetáculo*, publicado nesta coleção.

aceitação da perda, ou seja, o sujeito precisa se reconhecer como faltoso. Hoje, segundo Sandra Edler, existem maneiras de vivenciar a perda que elidem o luto ou, mesmo em casos em que seu trabalho tenha sido iniciado, este não é levado até o fim. Desse modo, aquilo que não foi elaborado como luto reaparece sob uma manifestação depressiva.

Em nossa cultura fortemente narcisista e consumista até mesmo as perdas inevitáveis do cotidiano são superdimensionadas. Dito de modo curto e direto, não devemos perder nada, devemos aproveitar todas as ofertas, mesmo as que não nos interessam, e acumular milhas para a viagem que, provavelmente, não teremos tempo ou dinheiro para fazer. Contra as perdas inevitáveis, surgem novas fantasias de onipotência: o remédio que não só aplacará a dor como proporcionará felicidade, o procedimento estético que nos trará uma beleza sonhada, o curso mágico que nos dará um lugar de destaque em nossa área de atuação... O que outrora poderia ser percebido como uma pequena perda pode causar, na sociedade das promessas em que vivemos atualmente, danos narcísicos exagerados, na medida em que qualquer perda — pequena ou grande — significa um confronto com a castração e o reconhecimento de nosso desamparo fundamental, constitucional.

O que Freud ilustrou em relação à melancolia também aparece, em menores proporções, no quadro das depressões neuróticas: o sentimento de inferioridade, a impotência e a desvalorização. O depressivo se diminui aos olhos do outro. ("Fiz 40 anos e não bombei...", por exemplo, tornou-se um queixume relativamente comum.) Os estados depressivos, relacionados ou não com o modelo do luto, se caracterizam essencialmente pela paralisação do movimento desejante.

O sujeito contemporâneo que se apresenta como deprimido não possui, frequentemente, uma questão ou uma dúvida a partir da qual seja possível iniciar um trabalho de elaboração. Trata-se de um sujeito paralisado diante de limitações que lhe parecem intransponíveis e absolutas. Há, de saída, uma desistência de tentar empreender uma modificação das condições das quais se queixam. Além disso, o fundamento da certeza absoluta de sua incapacidade reside na fantasia de que existe, em algum lugar, uma completude que lhe é interditada.

A depressão contemporânea, para seguirmos a classificação de Edler, guarda uma relação estreita com a questão da insegurança, que hoje nos provoca de novas e inusitadas formas. Conforme Bauman, damos grande atenção à insegurança física, ao medo de sofrer algum dano na própria pele, quando na verdade outros problemas, como o risco do desemprego, podem nos afetar de maneira muito mais frequente e provável.[62] Na Europa e nos Estados Unidos, cidadãos comuns temem um ataque terrorista, mas não sentem nenhum receio especial ao entrar em um automóvel, mesmo sabendo que as chances de sofrer um acidente fatal são muito maiores do que as de ser vítima de uma bomba.

---

[62] *Vidas desperdiçadas*, p. 14.

Essa espécie de cisão da consciência afeta os deprimidos de maneira certeira. Eles no fundo sabem que a falta que os faz sofrer nem sempre é da ordem do reparável, mas mesmo assim agem como se fosse e se queixam como se tivessem sido barrados por uma cancela ilegal em uma via pública. Sem dúvida, o insulamento das pessoas na sociedade atual cria um terreno fértil para esse tipo de fantasia de inferioridade e incapacidade. Afinal, é por meio da convivência honesta e afetiva com outras pessoas que podemos medir, em termos mais realistas, o que é sofrimento comum e o que é sofrimento, digamos, "privado" e específico.

Em seu livro *Amor líquido*, Bauman observa que os vínculos entre as pessoas, na contemporaneidade, carecem da garantia de permanência que possuíam outrora. Como no universo da economia e da política, tudo depende dos "cenários". Se estes mudam, mudam também os vínculos e os personagens de nossa vida afetiva. É curioso que o termo "cenário", frequentemente utilizado para definir mudanças muito concretas, traga consigo algo da irrealidade do teatro; o cenário não é o ambiente, e sim o que serve para forjá-lo.

O sociólogo americano Richard Sennett e Bauman chamam a atenção, de maneiras diversas, para o uso bastante difundido do termo "rede". Sennett, em *A corrosão do caráter*, mostra como a organização em rede substituiu a estrutura piramidal e hierárquica das empresas, mascarando a presença da autoridade e isentando, de certa forma, seus componentes da responsabilidade nos casos em que algo dá errado.

As "redes", afirma Bauman, substituem as relações, as parcerias e os parentescos. O termo sugere, e isso não é pouco, a possibilidade de se estar ou não "conectado". Aí, alternam-se momentos de contato com outros de movimentação livre e sem orientação. As conexões são mais facilmente rompidas do que as relações. Os "relacionamentos virtuais" exigem rapidez e é extremamente fácil sair deles, basta deixar de responder a um e-mail ou apertar a tecla "apagar". Os relacionamentos de carne e osso, em comparação com eles, são demasiadamente lentos, pesados e confusos. Na "rede" por excelência, em *sites* de relacionamento, é possível uma pessoa contabilizar 2 mil amigos e se orgulhar disso como um sinal de prestígio inquestionável. Evidentemente, boa parte desses "amigos" que formam uma "comunidade" jamais se encontrou em outro lugar que não no ciberespaço, quando muito!

Observamos que o mundo de hoje, com suas inúmeras exigências e distrações, não tolera o estado de luto como normal e necessário. O psicanalista Charles Melman observa que as pressões da família, da vida social e do trabalho simplesmente retiraram do sujeito o direito ao luto.[63] É preciso agir constantemente, e o luto exige concentração em si mesmo. Como diz o compositor e escritor carioca Fausto Fawcett, vivemos como se alguém tivesse gritado "ação" em um *set* de filmagem. A cultura contemporânea é, sobretudo, uma cultura "jovem" e, por isso

---

[63] *O homem sem gravidade*, p. 101.

mesmo, tende a elidir, em suas práticas e em seus discursos, a existência da decrepitude, da finitude, da dor e da morte. Permitir-se tempo para sofrer é algo que não convém. Além de atrapalhar o trabalho e a equação da funcionalidade que rege o curso dos acontecimentos, é considerado desagradável à convivência social. Melman observa que os psiquiatras, ao estimular o uso de neurolépticos, ansiolíticos ou antidepressivos em casos de luto puro e simples, prestam um grande serviço à cultura da produtividade e da *performance*. Em um mundo no qual amores, empregos e até arranjos familiares são extremamente voláteis, viver o luto de cada uma dessas coisas parece, aos olhos da maioria, uma enorme perda de tempo. No entanto, a se crer em Freud, sem o luto não é possível o devir amoroso, entendido aqui como a entrega às coisas que fazemos na vida.

Como criar um laço de lealdade com o trabalho do qual podemos ser deslocados a qualquer momento? Como se sentir confortável com alguém se o hábito parece ser o grande vilão do amor, e não o *locus* privilegiado do florescimento de suas virtudes? Como confiar na ajuda do amigo se todos fomos ensinados a lutar por nossa independência e autonomia, sem esperar a ajuda de ninguém?

Em algumas comunidades religiosas, consideradas ortodoxas, o luto persiste como um período de silêncio e contrição. Luto fechado, vestes pretas; luto relaxado, vestes pretas e brancas. Sinais de um trabalho necessário de concentração, dor e, finalmente, liberdade. Há alguns anos uma mulher da alta sociedade carioca perdeu o marido, assassinado com tiros à queima-roupa, em uma festa. No dia seguinte ao ocorrido a referida senhora apareceu em um importante evento social e, como sinal de respeito e contrição pelo marido recém-enterrado, surgiu sem maquiagem! Outro caso que chama a atenção e ilustra como se lida hoje com o tempo do luto é o de um senhor que morre numa sexta-feira e tem sua missa de sétimo dia celebrada na quarta-feira da semana seguinte, sob a alegação de que uma missa no dia previsto pela tradição atrapalharia o feriadão.

Freud afirma em "Luto e melancolia" que a perda do melancólico é de natureza mais ideal. Hoje, mesmo guardadas as diferenças mencionadas, o quadro descrito por Freud como melancolia é associado ao que a psiquiatria e a psicanálise denominam *depressão*. A Organização Mundial de Saúde tem afirmado, há alguns anos, que a depressão visivelmente está assumindo um caráter epidêmico.

Não será assim por conta da sabida ausência de ideais? Não somos, todos nós — com exceção dos fundamentalistas — filhos do crepúsculo dos ídolos? Não somos niilistas da segunda geração? Ou "bisnetos dos niilistas", conforme afirmou a já citada escritora Juli Zeh em *A menina sem qualidades*? Se os primeiros niilistas tiveram como missão derrubar os ideais, julgados obsoletos e contraproducentes para o desenvolvimento social, qual é a nossa missão? Minha hipótese, apoiada nas teorias dos pensadores citados, é que a perda da capacidade de erigir ideais, e não propriamente a perda desse ou daquele ideal (socialista, anarquista ou religioso), é, junto com o delírio de onipotência produzido no discurso social para elidir a ocorrência do luto na vida psíquica, o adubo para o crescimento da depressão como um sintoma coletivo, social, e não apenas individual.

É óbvio que não se pode desprezar, nesse caso, as articulações entre a medicina comercial, a indústria farmacêutica e o marketing de saúde divulgado na mídia, mas há algo que vai além disso. Existe um assentimento subjetivo da população, um certo modo de gozo encontrado na medicalização dos afetos; afinal, aceitamos de bom grado os produtos que nos são oferecidos para reduzir o mal-estar cotidiano.[64]

A melancolia se refere a uma perda no eu, não no mundo. Desse modo, ela é uma dor autocentrada, ensimesmada, que não cuida dos outros por estar absorta em si mesma. Talvez, dando mais espaço e legitimidade ao afeto do luto, nossa cultura pudesse ampliar a capacidade de estabelecer laços, e talvez não vivêssemos na era líquida descrita por Bauman. O líquido escorre, não controla seu caminho. Laços podem ser feitos e desfeitos, mas há algu-

---

[64] A esse respeito, conferir a entrevista do psicanalista francês Eric Laurent sobre a medicalização excessiva da sociedade no caderno Mais!, do jornal *Folha de S. Paulo*, em 30 de novembro de 2008, e a entrevista com o filósofo e psicanalista Jacques-Alain Miller concedida ao *Charlie Hebdo*, nº 805, em 21 de novembro de 2007, a respeito da política de saúde do governo Nicolas Sarkozy.

ma consistência e intencionalidade nos atos de enlaçar e puxar a fita.

Para terminar, voltemos a Freud. Muitos comentadores consideram *O mal-estar na civilização* um escrito pessimista; alguns chegam a evocar as dores devidas ao câncer para justificar a suposta dureza das teses ali expostas. Afasto-me dessa posição, em primeiro lugar porque o livro não me parece pessimista, e sim lúcido. É bem verdade que a lucidez deriva de Lúcifer, mas isso só teria importância para alguém que acredita em demônios. Por outro lado, Lúcifer é "portador da luz", o que no caso de Freud significa que ele se coloca do lado do Esclarecimento contra toda forma de obscurantismo. Ademais, o mundo parece comprovar dia a dia que o assim chamado "pessimismo" é muito mais realista do que qualquer otimismo ingênuo. Outro motivo que me impede de compartilhar dessa avaliação é distinguir, no livro, uma mesma postura adotada por Freud ao longo de sua obra no que tange aos julgamentos morais em geral. Se Freud não pode ser considerado um pensador alegre, tampouco otimista, não é tão simples considerá-lo pessimista.

Freud sempre se absteve de lidar com questões morais *in abstrato*, deixando essa tarefa para os especialistas em ética e afirmando, inclusive, em uma carta ao pastor, teólogo e psicanalista suíço Oskar Pfister, que a psicanálise não criava valores. Enquanto ciência (como Freud gostaria que ela fosse classificada) e prática clínica, a psicanálise sempre precisou lidar com os valores morais vigentes nas sociedades nas quais floresceu, e é importante ressaltar que ela só floresceu em ambientes em que havia, se não um regime democrático maduro, ao menos certa liberdade política. A moral, diria o bom cidadão burguês Sigmund Freud, casado e pai de seis filhos, é algo com que temos que lidar, é algo que se impõe à vida em sociedade.

O que conhecemos é sua postura em relação às questões morais concretas dos pacientes. O psicanalista deve, *grosso modo*, escutar e manter a neutralidade, usar a livre associação e o método de interpretação no sentido de desvendar os conflitos do paciente e obter sua melhoria. É claro que as ilusões do desejo muitas vezes se misturam a questões morais, e a psicanálise trabalha no sentido de separá-las do que seriam atitudes morais autênticas; assim como separa o sofrimento neurótico da infelicidade banal

Se a civilização é fonte de neuroses, isso não faz dela algo menos necessário. A moral existe na medida em que cada indivíduo, nos caminhos e descaminhos de seu desejo, precisa lidar com a pressão social, com o impacto de seu desejo sobre a vida alheia. A distância que Freud manteve em relação às questões morais é, a meu ver, o que faz da psicanálise uma prática tão potencialmente libertária.

Se as restrições morais da civilização não se justificam por qualquer doutrina ética criada por Freud e, ao contrário, provocam sofrimento, a psicanálise não tem nenhuma função adaptativa a desempenhar para além do fato evidente de que é preciso viver em sociedade. De que modo? Cabe a cada um descobrir, contando com sua própria constituição psíquica e, inclusive, com sua capacidade de sublimação.

Na conferência XXIV das *Conferências introdutórias sobre psicanálise*, ao tratar do estado neurótico comum, Freud observa que a doença, em alguns casos, pode ser a única solução diante das pressões da realidade e da vida social. Seu exemplo é o de uma mulher que, cativa de um casamento infeliz e sem perspectivas de se separar — seja por motivos de ordem econômica seja mesmo pelo desejo que a prende ao marido —, encontra uma "saída" da situação na neurose. Pode acontecer também que essa mulher não possua força suficiente para se separar ou que se sinta moralmente impedida de se consolar com um amante. Se a sua constituição permite que ela desenvolva uma neurose, a própria doença se torna uma arma eficaz na vingança contra o marido, exigindo que ele lhe dê atenção, que gaste dinheiro com ela e permita que ela se ausente, de tempos em tempos, por conta de seu tratamento. Além de todas essas "vantagens" que a doença traz consigo, ela permite que a mulher se queixe da doença em lugar de se queixar do casamento. Essa situação, segundo Freud muito comum, representa bem o que ele chama de "ganho externo ou secundário da doença". A depender da proporção desse ganho, o autor observa que há muito pouco que o psicanalista possa fazer contra a neurose instalada.

Ou seja, para o mestre de Viena não existe apenas sofrimento neurótico, e sim sofrimento real, inabordável por qualquer tratamento. Às vezes, o sacrifício de um só indivíduo, padecendo de neurose, evita o sofrimento de muitos e é, portanto, uma solução do tipo "mal menor" e a mais tolerável socialmente.

(Não) Respondendo à pergunta do título deste capítulo, não é possível afirmar se o mal-estar melhorou ou piorou. Como vimos em *O mal-estar na civilização*, não é possível medir o sofrimento em termos objetivos; o máximo que se pode fazer é comparar suas configurações em diferentes épocas e grupos sociais, ou, ainda, em diversas fases da vida de uma mesma pessoa. Mais importante do que saber se o mal-estar da civilização a que pertencemos melhorou ou não é constatar que ele persiste e que isso vem ao encontro das teses de Freud no livro.

Certo é também que as configurações do mal-estar se modificaram de 1929 até hoje. Com certeza "melhoramos" de algumas formas de sofrimento que, no entanto, foram substituídas por outras — por exemplo, já não se fazem como antigamente (tantas) histéricas, que ficavam cegas ou paralíticas. Mas não faltam distúrbios alimentares para substituir esses sintomas.

O que considero um saldo positivo da releitura do livro de Freud é constatar que, não importando a dimensão do mal-estar, há sempre algo a fazer para combatê-lo. Mesmo considerando as ressalvas de Freud na conferência citada e em outros escritos, é preciso reconhecer que a certeza de que não há nada a fazer significa um passo adiante em relação à luta inútil. A psicanálise — ou a leitura atenta de Freud — continua, portanto, sendo uma arma para combater os excessos de mal-estar. Basta que mantenha a lucidez e não se torne, ela mesma, presa de "metas morais" que lhe são, pelo menos na versão de seu fundador, estranhas.[65]

---

[65] Jacques Lacan abordou a questão das metas morais da psicanálise, retomando justamente *O mal-estar na civilização* para criticar as escolas inglesa e americana, no final de *A ética da psicanálise — O seminário, livro VII*.

CONCLUSÃO

Para concluir, retomo uma observação de Freud, feita ao final de *O mal-estar na civilização*, sobre as dificuldades e a conveniência de se fazer uma "patologia das comunidades culturais".[66] De certa forma, foi esse um dos grandes estímulos que me levaram a escrever este livro e foi o que procurei fazer de modo mais explícito no terceiro capítulo, ao tratar da questão do mal-estar na atualidade.

Feito o diagnóstico, cabe perguntar se outra época da nossa própria civilização foi mais feliz. Richard Sennett, por exemplo, compara a globalização aos 30 anos que se seguiram à Segunda Guerra Mundial para, a partir do contraste, extrair suas conclusões de que hoje há uma corrosão do caráter no mundo do trabalho. A força de sua tese deriva do cotejamento entre um período de reconstrução e certa estabilidade com a era do trabalho precário e da alta rotatividade dos empregos.

Zygmunt Bauman, por sua vez, observa que os sofrimentos da chamada "geração X" (os nascidos na década de 1970) são diferentes dos da geração anterior — a mesma examinada por Sennett, do período da reconstrução. Não

---

[66] *O mal-estar na cultura*, p. 182. No original alemão, *Pathologie der kulturellen Gemeinschaften. Das Unbehagen in der Kultur*, Frankfurt am Main, Fischer Taschenbuch Verlag, p. 107.

obstante, o sociólogo não esconde sua nostalgia em relação ao período do pós-guerra e sua preferência por momentos históricos nos quais os homens estendiam à sua frente o tapete dos ideais.[67]

Outro autor que se dedica ao estudo da subjetividade contemporânea é o já citado psicanalista francês Charles Melman — assim como Slavoj Žižek, um herdeiro do pensamento de Jacques Lacan —, a quem devemos a expressão "nova economia psíquica", que significa a passagem de uma economia organizada pelo recalque a uma economia que se organiza em torno da exibição do gozo. Seu diagnóstico dos novos sintomas, das novas modalidades de sofrimento psíquico que se apresentam nos consultórios e, sobretudo, fora deles é, a meu ver, contundente. O próprio endereçamento ao psicanalista, na verdade, já é indício de uma subjetividade anacrônica, não totalmente contemporânea, na medida em que a psicanálise requer muito tempo, dinheiro e esforço para a obtenção de resultados evasivos, pelo menos ao gosto da sociedade exibicionista e apressada em que vivemos.

Os homens e as mulheres que apresentam um quadro depressivo ou alguma forma de compulsão encontram, em geral, uma solução mais prática, barata e rápida em tratamentos medicamentosos ou em grupos de apoio mútuo, tais como os alcoólicos anônimos ou os viciados em sexo ou comida que não ousam dizer seu nome. É somente quando essas soluções falham, como no caso de uma pessoa que se

---

[67] Z. Bauman, *Vidas desperdiçadas*, p. 141.

sente totalmente embotada, anestesiada pelos remédios, que a psicanálise aparece como alternativa.

Outro fator que dificulta o acesso ao tratamento psicanalítico é o esvaziamento da interioridade, que se traduz na dificuldade de se questionar e de se responsabilizar pela própria vida. Tal postura, de acordo com Melman, é encontrada sobretudo entre os adolescentes. Além disso, existe uma tendência disseminada na sociedade de se buscar reparação, compensação por danos sofridos (real ou imaginariamente) ou supostas desvantagens constitucionais. Na falta de referências tradicionais ou mesmo de ideais, o desejo se ancora na inveja pura e simples. E como para despertar a inveja não é preciso muita coisa, basta supor um pequeno gozo de que o outro desfrute e que nós, que também somos merecedores, não desfrutamos para atiçar a grita geral por reparação de danos morais e materiais. Nas palavras do autor, "assistimos hoje a uma denúncia de todas as assimetrias em proveito de uma espécie de igualitarismo que, evidentemente, é a imagem mesma da morte, quer dizer, da entropia enfim realizada, da imobilidade".[68]

Um fato interessante, mencionado por Melman, é a dificuldade que os professores têm de efetivamente ensinar hoje em dia, já que aproximadamente 90% do tempo em sala de aula é gasto na discussão das regras de funcionamento do curso, da relação professor/aluno e, sobretudo, dos critérios de avaliação.[69] Em instituições educacionais ao redor do globo, sobretudo privadas, cada vez mais é o pro-

---

[68] *O homem sem gravidade*, p. 35.
[69] Ibidem, p. 49.

fessor que é avaliado pelos alunos, e não o contrário. Em várias empresas e instituições as avaliações de desempenho são do tipo 360 graus, ou seja, todo mundo avalia — e é avaliado — por todo mundo. Como se não houvesse — nem na educação, nem no trabalho, nem na família — uma instância de poder ou de saber superior a todas as outras.

Charles Melman não esconde sua perplexidade diante desse novo homem, um "homem sem gravidade", revelando certa nostalgia de uma estrutura edípica "tratável" que não dá mostras de estar disponível à subjetividade das novas gerações. Nos tempos de Freud, havia uma configuração psíquica calcada na renúncia e na submissão aos ditames de um pai ainda severo. Hoje o pai severo se tornou, muitas vezes, um adolescente crescido, e a função paterna, como diria Jacques Lacan, parece ter ficado vaga na sociedade.

Mas voltemos a Freud. O indivíduo, segundo ele, pode ser comparado em um tratamento ao seu entorno, entorno esse considerado um pano de fundo de normalidade. A cultura, como vimos e ilustramos com os exemplos anteriores, pode ser comparada a outras épocas de sua própria história, de modo a ser possível delinear uma fronteira entre os momentos "saudáveis" e os "doentes". Ninguém negaria, por exemplo, que o período que antecedeu a Segunda Guerra e a guerra propriamente dita foi doente, no sentido de que a pulsão de morte dominou as pulsões de vida. O período posterior, mesmo considerando a chamada Guerra Fria, recebeu um julgamento muito mais favorável da história, apesar das manifestações localizadas e ruidosas da pulsão de morte que também se fizeram ouvir no período.

Outra possibilidade seria a comparação entre culturas diferentes, procedimento adotado por Freud em *Totem e tabu*, no qual se vê, de um lado, o comportamento dos membros de tribos da África e de outras regiões "remotas" e, do outro, o comportamento do neurótico europeu civilizado. Nesse ponto, talvez, o discurso da tolerância "multi-inter-trans-cultural" que molda o imaginário globalizado revele sua maior armadilha: a civilização branca-cristã-ocidental pode legitimamente ser considerada mais saudável do que outras e, levando mais longe o raciocínio, pode aspirar a ser o *padrão* de saúde para outras culturas?

Como afirma Bauman, dizer que todas as culturas se equivalem revela, no fundo, uma profunda *indiferença* por todas elas.[70] Criticar e hierarquizar também podem ser sinais de respeito pelo diferente. Ademais, não se deve esquecer que cultura não é destino escrito desde sempre, e sim um fenômeno histórico e social, uma espécie de lente através da qual vemos o mundo. É possível não só discutir o que se vê, mas até, se for o caso, trocar de lentes para outras mais adequadas à consecução de determinados projetos.

Parece claro que a civilização, tal como a denominamos, funciona para nós como um espelho, cuja imagem refletida agrada mais ou menos dependendo da luz que incide sobre ela. A globalização tornou banal o que parecia inconciliável: admirar e vestir tecidos indianos para ir à churrascaria. Louvar a vida simples e não tocada pelos confortos da tecnologia de tribos remotas da África e, ao mesmo tempo, ser surpreendido pelo fato de, em massacres como o de

---

[70] *Comunidade*, p. 74-75.

Ruanda, as pessoas serem assassinadas a golpes de facão, coisa que nem aos animais de abate consideramos decente fazer. É evidente que tudo o que gera horror nos "outros" é rapidamente relevado se existem interesses comerciais em jogo (a relação do Ocidente "livre" e democrático com a China é um exemplo disso). A diplomacia, de modo geral, tornou-se serva da mercadoria. E uma vez que toda troca de mercadorias se dá sobre o pano de fundo de uma cultura determinada, a troca nunca é só de mercadorias, e sim de ritos e hábitos culturais.

A crise ambiental atual parece apontar para um esgotamento das possibilidades de investimento no projeto moderno. Como vimos, o livro de Freud serve também como um depoimento do mal-estar da modernidade. A crise financeira mais recente (de setembro de 2008), atacando por outro flanco, deixou claro que o próprio capitalismo triunfante traiu seus ideais de poupança e de valorização de uma ética do trabalho — baseada no adiamento da satisfação em nome do futuro e do louvor à autodisciplina.[71] Fetichizamos o crédito, levamos a volatilidade às últimas consequências, tomamos a parte pelo todo e ocultamos a castração no uso entusiasmado de cartões magnéticos e, pela primeira vez literalmente, construímos castelos no ar que depois desmoronaram e nos soterraram.

Apesar de todos os defeitos que se podem apontar, tanto a partir da leitura de Freud quanto da de outros autores do mesmo período, o capitalismo moderno e de institui-

---

[71] A respeito da ética do trabalho, conferir o capítulo seis de R. Sennett, *A corrosão do caráter — Consequências pessoais do trabalho no novo capitalismo.*

ções sólidas, que vigorou mais ou menos até os anos 1970, reconhecia a castração na forma do esforço necessário à criação da riqueza. Ele era, com o perdão da classificação, mais edípico e menos narcisista. Nas acertadas palavras da psicanalista Maria Rita Kehl: "*A moral do self-made man foi substituída pela moral do bodybuilding.*"[72]

Gilles Lipovetsky, em sua análise da questão do trabalho na vida contemporânea, reforça esse ponto de vista. No que ele denomina a "cultura pós-moralista e pós-tecnocrática do trabalho", existe uma dissociação entre o que se faz e o sentimento do dever, seja ele individual ou coletivo. O trabalho não é mais uma obrigação perante Deus ou qualquer outra figura de autoridade; ele se liga à busca interminável de resultados, ao triunfo na guerra econômica. De modo geral, cada um trabalha para si mesmo, para pagar suas contas e, nos melhores casos, se sentir bem consigo mesmo. Nesse contexto, o autor mostra como o trabalho clandestino e a sonegação deixam de ser problema para boa parcela da população[73] e como as mulheres consideram que não é possível ser bem-sucedidas sem possuir uma carreira.

As virtudes da paciência e da perseverança, exaltadas até pouco tempo, perderam boa parte de seu brilho. A nova cultura empresarial não apela para a moral da submissão e do dever, e sim para a autonomia, a comunicação e a inserção psíquica no universo da empresa. As consequências dessa

---

[72] "Corpos estreitamente vigiados", *O Estado de S. Paulo*, 31 de dezembro de 2006.

[73] G. Lipovetsky, *A sociedade pós-moralista*, p. 157. Os dados estatísticos do autor referem-se à população da França.

nova moral do trabalho são, entre outras, a ausência da sensação de pertencimento à empresa, *turn over* dos quadros, recuo do sindicalismo; greves nos serviços públicos e crescimento do corporativismo. Uma nova ética do trabalho teria necessariamente de partir desses elementos e encontrar no individualismo um ponto de partida, apelando, por exemplo, para o prazer de um trabalho bem-feito.

O que está em jogo atualmente não é pouco e compromete o futuro comum. Concordo com a afirmação de Lipovetsky de que a própria sobrevivência da democracia depende de um certo ordenamento da sociedade, da presença de um Estado "regulador e previdenciário". As desigualdades e a injustiça não podem crescer indefinida e impunemente sem que — como talvez dissesse Freud — a pulsão de morte ganhe a batalha contra as pulsões de vida.

Se me fosse permitido sugerir um "tratamento" dos males atuais, consideraria útil adquirir um certo distanciamento do *Zeitgeist* globalizado, maior consciência de suas mazelas e até mesmo perguntar se não somos nós, os críticos, os verdadeiros doentes, mal-adaptados ao clima do momento. Será que precisaremos recorrer, em pouco tempo, como um personagem de Fausto Fawcett, a um grupo de apoio que nos livre de sintomas inaceitáveis? "Queridos amigos, bem-vindos ao Humanistas Anônimos. Hoje faz 1.256 dias que parei de desejar um mundo melhor (...) Sou um pessimista festivo. Um indiferente festivo."[74]

---

[74] Trecho da peça *Cidade vampira*, de Fausto Fawcett e Henrique Tavares, que esteve em cartaz de 2005 a 2007 no Rio de Janeiro.

Uma das questões mais urgentes é a ruptura do laço que une a onipotência imaginária, de um lado, à depressão, do outro. Não se deve esquecer da observação de Freud, em sua carta a Einstein, de que o único caminho alternativo à modificação da sociedade pela violência é a modificação cultural de seus membros.

Esse não seria, aliás, um processo demasiadamente diferente do processo de análise individual. Levando adiante a analogia, o resultado a que se poderia legitimamente aspirar não seria a transformação da sociedade em uma sociedade perfeita, harmônica, mas sim em uma coletividade menos submetida à severidade dos ditames do supereu e dotada de maior capacidade para o trabalho e para o amor, nos moldes da cura que Freud aspirava para seus pacientes.

BIBLIOGRAFIA

BAUMAN, Zygmunt. *Globalização*. Rio de Janeiro: Jorge Zahar Editor, 1999.

_____. *O mal-estar na pós-modernidade*. Rio de Janeiro: Jorge Zahar Editor, 1998.

_____. *Comunidade*. Rio de Janeiro: Jorge Zahar Editor, 2003.

_____. *Amor líquido*. Rio de Janeiro: Jorge Zahar Editor, 2004.

_____. *Vidas desperdiçadas*. Rio de Janeiro: Jorge Zahar Editor, 2005.

_____. *Identidade*. Rio de Janeiro: Jorge Zahar Editor, 2005.

BIRMAN, Joel. *Mal-estar na atualidade: a psicanálise e as novas formas de subjetivação*. Rio de Janeiro: Civilização Brasileira, 2005.

_____. *As pulsões e seus destinos — Do corporal ao psíquico*. Rio de Janeiro: Civilização Brasileira, 2009, Coleção Para ler Freud.

EDLER, Sandra. *Luto e melancolia — À sombra do espetáculo*. Rio de Janeiro: Civilização Brasileira, 2008, Coleção Para ler Freud.

FAVERET, B.M.S; FAUSTINO, R.; COELHO, E.; MENDON-ÇA, A.L.S. "Eros no séc. XXI: Édipo ou Narciso?." *Tempo Psicanalítico*, vol. 39, revista da Sociedade de Psicanálise Iracy Doyle, Rio de Janeiro, 2007.

FREUD, Sigmund. Edição *Standard* Brasileira das Obras Psicológicas Completas de Sigmund Freud (versão eletrônica). Rio de Janeiro: Imago.

———. *Fragen der Gesellschaft/Ursprünge der Religion.* Frankfurt am Main: S.Fischer Verlag, Studienausgabe, Band IX, 1974.

———. *O mal-estar na cultura.* Porto Alegre: L&PM, 2010.

———. *O futuro de uma ilusão.* Porto Alegre: L&PM, 2010.

FUKS, Betty. *Freud e a cultura.* Rio de Janeiro: Jorge Zahar Editor, 2003.

KEHL, Maria Rita. "Corpos estreitamente vigiados". *O Estado de S. Paulo*, 31 de dezembro de 2006.

———. "Clientes especiais", 2007. Disponível em: http://www.mariaritakehl.psc.br/resultado.php.

———. "O tempo e o cão: a atualidade das depressões". Entrevista concedida em 2009. Disponível em: http://www.mariaritakehl.psc.br/resultado.php.

———. "A teenagização da cultura ocidental", 1997. Disponível em: http://www.mariaritakehl.psc.br/resultado.php.

———. "Conferência para o ciclo 'Civilização e barbárie'", São Paulo e Rio de Janeiro, setembro de 2002. Disponível em: http://www.mariaritakehl.psc.br/resultado.php.

_____. "A juventude como sintoma da cultura", 2004. Disponível em: http://www.mariaritakehl.psc.br/resultado.php.

KOLTAI, C. *Totem e tabu — Um mito freudiano*. Rio de Janeiro: Civilização Brasileira, 2010, Coleção Para ler Freud.

KURZ, Robert. *Os últimos combates*. Petrópolis: Vozes, 1997.

LACAN, Jacques. *A ética da psicanálise — O seminário*, livro VII. Rio de Janeiro: Jorge Zahar Editor, 1991.

LAVAL, Guy. "À propos du malaise". *Culture et désintrication*, Revue française de psychanalyse, Presses Universitaires de France, vol. 66, 2002/5.

LIPOVETSKY, G. *A sociedade pós-moralista*. Barueri: Manole, 2005.

_____. *A era do vazio*. Barueri: Manole, 2005.

MELMAN, Charles. *O homem sem gravidade*. Rio de Janeiro: Companhia de Freud, 2003.

MOTTA, F.C.P; FREITAS, M.E. *Vida psíquica e organização*. Rio de Janeiro: Editora da FGV, 2002.

NUNES, Silvia Alexim. *O corpo do diabo entre a cruz e a caldeirinha*. Rio de Janeiro: Civilização Brasileira, 2000.

RIDER, J.; PLON, M.; RAULET, G.; REY-FLAUD, H. *Autour du "Malaise dans la culture" de Freud*. Paris: Presses Universitaires de France, 1998.

SAFATLE, V. "Perversions for sale". In: *Pensar*, Brasília, 8 de novembro de 2003. Disponível em: chiquititas.norskhost.co.cc/vladimirsafatle/vladi066.htm, acessado em fevereiro de 2010.

_____. "Por uma crítica da economia libidinal". *Ide*, São Paulo, jun. 2008, vol. 31, n° 46, p. 16-26.

SENNETT, Richard. *A corrosão do caráter — Consequências pessoais do trabalho no novo capitalismo*. Rio de Janeiro: Record, 1999.

_____. *A cultura do novo capitalismo*. Rio de Janeiro: Record, 2006.

ZEH, Juli. *A menina sem qualidades*. Rio de Janeiro: Record, 2009.

ŽIŽEK, Slavoj. "Missão: impossível". *Folha de S. Paulo*, 4 de maio de 2008.

_____. "O Tibete não é tudo isso". *Folha de S. Paulo*, 13 de abril de 2008.

_____. "O hedonismo envergonhado". *Folha de S. Paulo*, 19 de outubro de 2003.

_____. "A paixão na era da crença descafeinada". *Folha de S. Paulo*, 14 de março de 2004.

_____. "O supereu pós-moderno". *Folha de S. Paulo*, 23 de maio de 1999.

CRONOLOGIA DE SIGMUND FREUD

1856 — Sigmund Freud nasce em Freiberg, antiga Morávia (hoje na República Tcheca), em 6 de maio.

1860 — A família Freud se estabelece em Viena.

1865 — Ingressa no *Leopoldstädter Gymnasium*.

1873 — Ingressa na faculdade de medicina em Viena.

1877 — Inicia pesquisas em neurologia e fisiologia. Primeiras publicações (sobre os caracteres sexuais das enguias).

1881 — Recebe o título de Doutor em medicina.

1882 — Noivado com Martha Bernays.

1882-1885 — Residência médica no Hospital Geral de Viena.

1885-1886 — De outubro de 1885 a março de 1886, passa uma temporada em Paris, estagiando com Charcot no hospital Salpêtriére, período em que começa a se interessar pelas neuroses.

1884-1887 — Dedica-se a estudos sobre as propriedades clínicas da cocaína, envolvendo-se em polêmicas a respeito dos efeitos da droga.

1886 — Casa-se com Martha Bernays, que se tornará mãe de seus seis filhos.

1886-1890 — Exerce a medicina como especialista em "doenças nervosas".

1892-1895 — Realiza as primeiras pesquisas sobre a sexualidade e as neuroses; mantém intensa correspondência com o otorrinolaringologista Wilhelm Fliess.

1895 — Publica os *Estudos sobre a histeria* e redige **Projeto de psicologia para neurólogos**, que só será publicado cerca de cinquenta anos depois.

1896 — Em 23 de outubro, falece seu pai, Jakob Freud, aos 80 anos de idade.

1897-1899 — Autoanálise sistemática; redação de **Interpretação dos sonhos**.

1899 — Em 15 de novembro é publicado *Interpretação dos sonhos*, com data de 1900.

1901 — Em setembro, primeira viagem a Roma.

1902 — Fundação da "Sociedade Psicológica das Quartas-feiras" (que em 1908 será rebatizada de Sociedade Psicanalítica de Viena). É nomeado professor titular em caráter extraordinário da Universidade de Viena; rompimento com W. Fliess.

1903 — Paul Federn e Wilhelm Stekel começam a praticar a psicanálise.

1904 — **Psicopatologia da vida cotidiana** é publicada em forma de livro.

1905 — Publica *Três ensaios sobre a teoria da sexualidade*, *O caso dora*, *O chiste e sua relação com o inconsciente*. Edward Hitschmann, Ernest Jones e August Stärcke começam a praticar a psicanálise.

1906 — C. G. Jung inicia correspondência com Freud.

1907-1908 — Conhece Max Eitingon, Jung, Karl Abraham, Sándor Ferenczi, Ernest Jones e Otto Rank.

1907 — Jung funda a Sociedade Freud em Zurique.

1908 — Primeiro Congresso Psicanalítico Internacional (Salzburgo). Freud destrói sua correspondência. Karl Abraham funda a Sociedade de Berlim.

1909 — Viagem aos Estados Unidos para a realização de conferências na Clark University. Lá encontra Stanley Hall, William James e J.J Putman. Publica os casos clínicos *O homem dos ratos* e **O pequeno Hans**.

1910 — Congresso de Nurembergue. Fundação da Associação Psicanalítica Internacional. Em maio, Freud é nomeado membro honorário da Associação Psicopatológica Americana. Em outubro, funda o *Zentralblatt für Psychoanalyse*.

1911 — Em fevereiro, A.A. Brill funda a Sociedade de Nova York. Em maio, Ernest Jones funda a Associação Psicanalítica Americana. Em junho, Alfred Adler afasta-se da Sociedade de Viena. Em setembro, realiza-se o Congresso de Weimar.

1912 — Em janeiro, Freud funda a revista *Imago*. Em outubro, Wilhelm Stekel se afasta da Sociedade de Viena.

1912-1914 — Redige e publica vários artigos sobre técnica psicanalítica.

1913 — Publica **Totem e tabu.**

1913 — Em janeiro, Freud funda a *Zeitschrift für Psychoanalyse*. Em maio, Sándor Ferenczi funda a Sociedade de Budapeste. Em setembro, Congresso de Munique. Em outubro, Jung corta relações com Freud. Ernest Jones funda a Sociedade de Londres.

1914 — Publica **Introdução ao narcisismo** e *História do movimento psicanalítico* e redige o caso clínico *O homem dos lobos*. Em abril, Jung renuncia à presidência da Associação Internacional. Em agosto, Jung deixa de ser membro da Associação Internacional.

1915 — Escreve o conjunto de artigos da chamada Metapsicologia, nos quais se inclui **As pulsões e seus destinos**, **Luto e melancolia** (publicado em 1917) e **O inconsciente**.

1916-1917 — Publicação de *Conferências de introdução à psicanálise*, últimas pronunciadas na Universidade de Viena.

1917 — Georg Grodeck ingressa no movimento psicanalítico.

1918 — Em setembro, Congresso de Budapeste.

1920 — Publica **Além do princípio do prazer**, obra na qual introduz os conceitos de "pulsão de morte" e "compulsão à repetição"; início do reconhecimento mundial.

1921 — Publica *Psicologia das massas e Análise do ego*.

1922 — Congresso em Berlim.

1923 — Publica *O ego e o id*; descoberta de um câncer na mandíbula e primeira das inúmeras cirurgias que sofreu até 1939.

1924 — Rank e Ferenczi manifestam divergências em relação à técnica analítica.

1925 — Publica *Autobiografia* e *algumas consequências psíquicas da diferença anatômica entre os sexos.*

1926 — Publica *Inibição, sintoma e angústia* e *A questão da análise leiga.*

1927 — Publica **Fetichismo** e *O futuro de uma ilusão.*

1930 — Publica **O mal-estar na civilização**; entrega do único prêmio recebido por Freud, o prêmio Goethe de Literatura, pelas qualidades estilísticas de sua obra. Morre sua mãe.

1933 — Publica *Novas conferências de introdução à psicanálise.* Correspondência com Einstein publicada sob o título de *Por que a guerra?.* Os livros de Freud são queimados publicamente pelos nazistas em Berlim.

1934 — Em fevereiro, instalado o regime fascista na Áustria, inicia o texto *Moisés e o monoteísmo,* cuja redação e publicação continuam até 1938-1939.

1935 — É eleito membro honorário da British Royal Society of Medicine.

1937 — Publica *Construções em análise* e *Análise terminável ou interminável.*

1938 — Invasão da Áustria pelas tropas de Hitler. Sua filha Anna é detida e interrogada pela Gestapo. Partida para Londres, onde Freud é recebido com grandes honras.

1939 — Em 23 de setembro, morre Freud. Deixa inacabado o *Esboço de psicanálise;* seu corpo é cremado e as cinzas colocadas numa urna conservada no cemitério judaico de Golders Green.

OUTROS TÍTULOS DA COLEÇÃO PARA LER FREUD

Além do princípio do prazer — Um dualismo incontornável, por Oswaldo Giacoia Junior

O complexo de Édipo — Freud e a multiplicidade edípica, por Chaim Samuel Katz

As duas análises de uma fobia em um menino de cinco anos — O pequeno Hans — a psicanálise da criança ontem e hoje, por Celso Gutfreind

Fetichismo — colonizar o Outro, por Vladimir Safatle

Histeria — O princípio de tudo, por Denise Maurano

A interpretação dos sonhos — A caixa-preta dos desejos, por John Forrester

Luto e melancolia — À sombra do espetáculo, por Sandra Edler

A psicopatologia da vida cotidiana — como Freud explica, por Silvia Alexim Nunes

As pulsões e seus destinos — Do corporal ao psíquico, por Joel Birman

Totem e tabu — Um mito freudiano, por Caterina Koltai

O texto deste livro foi composto na tipologia Berkeley,
em corpo 11/14,5, e impresso em papel off-white
no Sistema Cameron da Divisão Gráfica da Distribuidora Record.